博望

BROADEN
VIEW

博望
BROADEN VIEW

丝绸之路人文考察手记

第一辑

瓜沙谈往

陈星灿 主编

向达 著

甘肃人民出版社
甘肃·兰州

图书在版编目（CIP）数据

瓜沙谈往 / 向达著. -- 兰州：甘肃人民出版社，2024.3

（博望书系·丝绸之路人文考察手记 / 陈星灿主编. 第一辑）

ISBN 978-7-226-06006-3

Ⅰ.①瓜… Ⅱ.①向… Ⅲ.①丝绸之路－考古 Ⅳ.①K928.6

中国国家版本馆CIP数据核字（2023）第204827号

项目策划：原彦平
责任编辑：李依璇
装帧设计：马吉庆

瓜沙谈往

GUASHATANWANG

陈星灿 主编 向达 著

甘肃人民出版社出版发行

（730030 兰州市读者大道568号）

广西昭泰子隆彩印有限责任公司印刷

开本889毫米×1240毫米 1/32 印张5.375 插页4 字数126千
2024年3月第1版 2024年3月第1次印刷
印数：1~2 000

ISBN 978-7-226-06006-3 定价：48.00元

凡　例

一、向达先生在 1955 年重印《唐代长安与西域文明》一书时，以《瓜沙谈往》为副题，辑录《西征小记》《两关杂考》《莫高、榆林二窟杂考》《罗叔言〈补唐书张议潮传〉补正》四篇文章。本书以《瓜沙谈往》为名，又补入文体相类的《西域见闻琐记》和《敦煌考古通信》（二十九封）。

二、入选作品以作者修订、校阅本为底本，参校其他版本，正其讹误。

三、尊重作者的行文风格及时代语言习惯，均不按现行标准和习惯改动。

四、因原文年代久远，书稿中存在字迹模糊或纸页残缺等情况，据所缺字数用"□"表示；字数难以确定者，则用"下缺"标示。

目 录

西征小记

　　——瓜沙谈往之一　1

两关杂考

　　——瓜沙谈往之二　41

莫高、榆林二窟杂考

　　——瓜沙谈往之三　63

罗叔言《补唐书张议潮传》补正

　　——瓜沙谈往之四　89

西域见闻琐记　102

敦煌考古通信　110

西征小记
——瓜沙谈往之一

一九四二年至一九四四年两次到敦煌。回来以后,打算根据所看到的材料,写一本《瓜沙谈往》小册子,内中包括:一、《两关考》,二、《莫高、榆林两窟杂考》,三、《罗叔言〈补唐书张义潮传〉补正》,四、《瓜沙曹氏史事攟逸》,一共四篇。前三篇都写好了,只第四篇始终未有成稿。此次重印,因将一九四三年所写《西征小记》作为《瓜沙谈往》第一篇,而将《瓜沙谈往》的总题移在每篇篇名之下,作为小题。

一九五五年一月九日补记。

近年以来开发西北之论甚嚣尘上。然欲言开发西北,几无在不与史地之学有密切之关系。今即就河西一隅而试论之。秦汉以后,河西为匈奴、大月氏、乌孙诸民族互争雄长之地。汉武帝思雪高祖平城之耻,乃收河西于版图之内,一以绝匈奴之右臂,一以建立通西域诸国之走廊。于是筑长城以限胡马之南下,移民实边以奠长治久安之局。海通以前二千年来,中国与外国在政治上经济上以及文化上之交光互影,几无不取道于此。其后河西四郡虽间有短时期沦于异族，不旋踵而仍归中国，此盖非偶然也。三十一年春，国立中央研究院有西北史地考察团之组织，考察范围为甘肃、宁夏、青海三省，其用意于纯粹的学术研究而外，盖亦思以其所得供当世从事西北建设者之参考，故为此筚路蓝缕之举，余应研究院之约，奉校命参加考察。以滇西变起仓卒，交通艰阻，迟至八月方克入川。九月下旬自渝抵兰，十月初西行，经武威、张掖、酒泉，出嘉峪关以抵敦煌。到敦煌后住千佛洞者历时九月，其间曾再游两关，一访榆林窟之胜，至三十二年七月方始束装返川。万里孤征，行旅匆匆，多未周览。今略依经历所至，分记见闻，各成段落，不尽衔接；聊以备一己之遗忘，供友朋之问讯而已，阅者谅之！

余于三十一年九月二十五日自渝抵兰，十月一日西行；三十二年夏东归，于七月二十日抵兰，二十六日赴渝。来去俱甚匆匆，故于此西北名都，所知殊浅。三十一年九月始抵兰州，以友人之介，得谒慕少堂（寿祺）、张鸿汀（维）两先生。慕、张两先生为陇右前辈，熟于关陇掌故，慕先生著有《甘宁青史略》四十册，张先生著有《陇右方志录》及《陇右金石志》，主编《关陇丛书》；并以藏书著称兰垣。两次过兰，匆遽未能多所请益，兼窥所藏，亦憾事也。兰垣旧书及骨董业不逮西安之盛，民十四陈万里先生西行所见之兰山市场已于三十年为敌机炸毁，今改建兰园，电影场茶肆球场纷然并陈，骨董铺不复可见。在南门内一铺中见到彩陶数件，花纹粗率不足观，价既不及以前之高，顾者亦复寥寥，盖盛极而衰矣。始至阅肆，于道陞巷河声书店得见石室本唐人写《金刚经》一卷，首稍残缺，字不甚佳。又西夏字残经一册，写本刊本俱备，首有一小篇磁青纸金书，极精，末又有刊本八思巴蒙古字及回鹘字残叶数篇，合贴成一厚册，索价二千元，以价昂未购。只选取刊本回鹘字残经十三篇。大约俱元代所刊写者。其西夏字一册，三十二年夏东归往询，则于旬日前为张大千所得矣。又获蒙古钱一枚，幂八思巴字"大元通宝"四字，其后在张掖又得一枚。唯在河西一带，始终未见西夏文钱，亦所不解也。金天观在西门外，俗名雷坛，壁画《金阙玄元太上老君应化图》，凡八十一化。三十二年东归，曾一往观，观内今为某干部学校所据，画壁画之两廊改为寝室，壁画剥落，视前加甚。其所绘与成都二仙庵刊《老君历世应化图说》同，画则清初之所作者耳。

武威为张介侯（澍）先生故里。先生一生于关陇文献，网罗放失不遗余力。生平著述等身。其《二酉堂丛书》，藏书家几于家喻户晓。先生著述未刊者极多，身后散失殆尽。二十二年在西安，从碑林碑估段某处得悉光、宣之际，法国伯希和自敦煌东归，道经西安，即从彼处购去先生著作未刊稿本不少。二十七年在法京国立图书馆见到数种，皆伯希和所购得者，摩挲遗编，感喟无既。介侯先生后家秦中。三十一年过武威，访问先生轶事，则知者寥寥，可慨也。武威又有一李树键先生，清末为山东学使，著《续通鉴纪事本末》数十巨册，在兰州曾见其书，民初逝世。家富藏书。两次过武威，俱以匆促不克往观也。武威古刹旧有大云、清应、罗什诸寺，民十四陈万里先生西行，尚俱栋宇无恙，民十六河西地震，武威受祸最烈，诸寺皆荡为云烟矣。罗什寺址今为武威中学校，大云、清应则只余断壁颓垣，两塔各塌去一半，其形制犹是唐代之旧也。大云寺旁一钟楼，上悬大钟一，"大云晓钟"，为昔日凉城八景之一。钟青铜铸，上镌天王像，形极奇诡，而无铭文。旁有乾隆时康伯臣碑，谓是前凉时物，实则唐代所铸耳。西夏文天佑民安碑及唐景云碑俱于震后移至文庙。清应寺西为藏经阁，内贮康熙时西宁写本番字《大藏》一部，原百零八函，今佚去数函，黄缎经袱，层层包裹。保存至佳。文庙在城东南隅，今改为民众教育馆。三十一年西行及三十二年东归两过其处，识王凤元、郝仁甫二先生。在陈列室见到有天禧三年题识之陶器一件，系三十年张掖西三十里古城所出。据历史语言研究所傅乐焕先生云，此是西夏李得明时物，其时西夏尚奉宋正朔，故题识云耳。又见一木塔，六面俱绘佛像，彩色如新，描绘极精，不失五代宋初规模。木塔中空，据说明书云，内中原有小银塔一，银塔上镌"于阗国王大师从德"云云。原出敦煌千佛洞，今银塔为马步青攫去，而以木塔存武威民众教育馆。五代时于阗与瓜沙曹氏互为婚姻，则此当是于阗国供养千佛洞之物。银塔所镌铭文虽未窥其全，然其有裨于瓜沙曹氏与于阗关系之研究则无疑也。馆内所藏，除西夏文天佑民安碑及唐景云碑外，又有高昌王世勋碑，虞道园撰文，康里子山真书，赵世延篆额，碑阴为回鹘字，于民二十二出土于武威城北二十里之石碑沟，今亦移存馆内。碑上半已断去，犹高一公尺九十公分，广一公尺八十公分，可谓巨制矣。馆中尚藏有武威南山中出土唐代墓志十余方。其中如大长弘化公主、青海王乌地也拔勤豆可汗慕容忠及河东阴山郡安乐王慕容神威迁奉诸志，皆可以补正两《唐书·吐谷浑传》，甚可珍贵。弘化公主一志，民十四陈万里先生西行已见拓本，著录于其《西行日记》中，今馆中说明谓与青海王志皆民十六出土，恐有未确。弘化公主墓出马俑二具,亦在陈列室中,腿已断去,身尚完整,彩色如新,姿态比例俱极佳妙;其后至敦煌见千佛洞诸唐窟壁画上之马无一不生动者,唐人之于画马似有特长,亦一奇也。青海王墓出二白磁蹲,全体完好无缺,釉色甚佳。青海王乌地也拔勤豆可汗慕容忠卒于武后圣历元年,则此二磁蹲盖初唐时物矣。杜工部《又于韦处乞大邑瓷碗》诗云:

大邑烧瓷轻且坚,扣如哀玉锦城传。君家白碗胜霜雪,急送茅斋也可怜。

近人言唐瓷者,率艳称越窑,激赏其"千峰翠色",而于邛州大邑白瓷则少有道者。唐代四川与河西交通频繁,武威青海王墓所出二白磁蹲,疑即唐人所云之大邑瓷也。客中无书,姑识此以待考,又北凉沮渠蒙逊于凉州开石窟寺,唐释道宣《集神州三宝感通录》卷中述之云:

凉州石崖瑞像者,昔沮渠蒙逊以晋安帝隆安元年据有凉土,二十余载,陇西五凉,斯最久盛。专崇福业。以国城寺塔修非云固,古来帝宫,终逢煨烬,若依立之,效尤斯及。又用金宝终被毁盗。乃顾眄山宇,可以终天,于州南百里,连崖绵亘,东西不测,就而斫窟,安设尊仪,或石或塑,千变万化。有礼敬者,惊眩心目。中有土圣僧,可如人等,常自经行,初无宁舍。遥其便行,近瞩便止,视其颜面,如行之状。或有罗土垄地,观其行不,人才远之，便即踏地，足迹纳纳，来往不住。如此现相，经今百余年。彼人说之如此。所云土圣僧灵迹亦见《释迦方志》卷下《通局篇》。

其规模之大于此可以想见。所记土圣僧灵瑞，则中国敬奉宾头卢罗汉之最早见于记载者也。据《魏书·释老志》，前凉佛教从敦煌一转手，而北魏又得自前凉。是凉州石窟寺恰介乎敦煌与云冈之间，为研究中国佛教艺术史绝重要之材料。然其所在，唐以后便无人道及，存否至今成为一谜。或以安西万佛峡当之，非也。张掖东南百四十里有马蹄寺，石窟为数约四十，三十一年地理组吴印禅、李承三、周廷儒三先生自青海越祁连山至张掖，曾便道往游。据其所述石窟形式，层累而上，与道宣所纪亦复不类。在武威时曾以凉州石窟所在叩诸郝仁甫先生，郝先生亦不之知，唯云武威东南张义堡山中有大佛寺，佛为石镌，甚大，寺前一方石，上镌"晏筵石"三字，体类六朝。寺左右石崖上依稀有石窟痕迹，唯以凉城地震剧烈，石崩崖摧，多不可辨云云。则成为一谜之凉州石窟，或犹在武威南一带山中欤？安得好事者负粮裹糇一访之也！

武威以西是为张掖。汉武帝开河西四郡：立酒泉以为中权重镇，北控居延，南枕祁连，西有敦煌以为前卫，东有武威，张掖为之后路，卒能击破匈奴，以雪高祖之耻。时移代异，而形势依然。至于武威、张掖则流水争道，阡陌纵横，林木蔚茂，俨然江南。故唐以来即有"塞北江南"之称。地产米麦，又多熟荒。将来如能筑坝蓄水，改用机器耕种，用力少而产量增，以其所出供给河西，足有余裕，以前有"金张掖，银武威"之谚，洵非虚语。二十七年以后，西路闭塞，于是张掖市面逐渐萧条，武威以通草地，东路货物来源较易，商业状况转好，因又有"银张掖，金武威"之谣。总之二地在河西经济上之地位极为重要。昔人于武威、张掖深沟高垒，有金城汤池之固，良有以也。余于三十一年十月一日自兰州抵武威，休息一日，三日自武威至张掖，四日至各处游览。西来寺建于清代，后殿塑欢喜佛像，盖喇嘛教之制作也。卧佛寺兴修于西夏时代，其后累加修饰，今卧佛像乃臃肿不堪。四日下午往游南门外天主堂果园，晤常德辅神甫（Joachim Zacher, S.V.D.）。常神甫德国人，至华已五年，操华语极流利。元代甘州路有十字寺，《马哥孛罗游记》亦谓甘州有基督教教堂，以此询常神甫，谓元代十字寺寺址疑即为今城内域隍庙云云。张掖又有西夏时黑河建桥碑，旧在城南四十里之龙王庙，三十二年春为驻军辇致城内民众教育馆，其夏东归，无暇往观。碑一面为汉字，背阴旧传为西夏文，实西番字，西夏文云云传闻之讹也。十月五日自张掖赴酒泉，出西门三十里，地势略高，迤逦而上，道两旁土阜累累，即为土人相传之黑水国故址。三十年青海驻军骑兵韩师，在此大事发掘，将旧城拆毁，取城砖铺筑公路，长达十里。三十年于右任过此，曾检得有大吉二字铭文及草隶砖，卫聚贤并得有图像砖，俱是汉代物。疑今所谓黑水国，或即汉张掖故城亦未可知。武威民众教育馆所藏有天禧三年题识之陶器，即韩师发掘此城中古墓所得者。据云遗址发掘仅及其三分之二云。

五日下午抵酒泉，风日惨淡，始有塞外之感。酒泉城内外俱无可观览。所谓酒泉在东关外里许道北。同治十二年清军既下酒泉，大事修葺，颇有亭台之胜。数十年来变乱频仍，颓败不堪。酒泉东门门洞内两侧墙上各嵌石柱一枚，高约二公尺半，阔约半公尺，上俱镌回鹘字，三十二年夏东归，始克细览。疑此原是元代碑碣，一面汉文，一面回鹘字，修酒泉城时，解碑为二，用支门洞，另一面汉文嵌于墙内，遂不可见。近有人倡议于酒泉建西北文化陈列馆，则此回鹘文残石亦应在保存之列也。

玉门油矿，久已见于载籍，《后汉书·郡国志》酒泉郡延寿县注引《博物记》曰：

县南有山，石出泉水，入如筥篆，注池为沟。其水有肥，如煮肉卤，羕羕永永，如不凝膏。然之极明，不可食。县人谓之石漆。

《元和郡县图志》卷四十肃州玉门县条云：

石脂水在县东南一百八十里。泉有苔如肥肉，燃之极明。水上有黑脂，人以草盏取用涂鸱夷酒囊及膏车。周武帝宣政中，突厥围酒泉，取此脂燃火，焚其攻具，得水逾明。酒泉赖以获济。

石漆也，苔也，皆未经炼过之原油也。光绪季叶德人某曾取原油至上海化验，油居百分之五十，蜡三十，杂质二十。以所在僻远，交通不便，遂置之。神物湮沈几二千年，至今日始以供用，是知一物显晦，亦自有时也。余于三十二年七月东归，十二日自安西乘油矿局车赴矿，十三日留一日，周览各井及炼厂，十四日自矿赴酒泉。将来西北开发，利用机器垦荒耕地，其有赖于油矿之处正甚多也。

甘州河与北大河合流而后过鼎新北注居延海，是为额济那河，俗称曰二里子河。汉长城障塞自北大河北岸迤逦而东，沿额济那河以迄于居延海。此一带盖汉与匈奴百战之场。俄国科斯洛夫（Kozlov）于居延海旁之黑城子（Karakhoto）发现西夏文文书不少，英国斯坦因（M.A.Stein）在此亦有所得。瑞典海定（Sven Hedin）考察团之贝格曼（Bergmann）则在额济那河旁废墩中得汉简万余枚。是二里子河且亦为考古者之圣地矣。自酒泉东北行一百四十里至金塔，更三日是为鼎新，由鼎新驼行十许日即至黑城子。今则勉强可通汽车，视前远为便捷。

安西以风多著闻于世，故俗有"安西一场风"之谚，谓其一年到头皆是风也。余于卅一年十月八日自酒泉西行，至玉门尖，下午抵安西。以城内无住处，由人介绍与同行诸君往宿飞机场。场北即乾隆时所筑新城，西面城垣为风裂成缺口十余道，宽与昆明所辟便空袭时出城用之缺口同，风力之猛可见一斑。自玉门至安西，公路沿疏勒河北岸而西。北望戈壁大漠，平沙无垠，路南废城烽燧，迤逦不绝，皆汉、唐间古长城以及障塞之遗址也。汉、唐时代此种障塞，北有大漠北山可资屏障，南有长河以供灌溉。说者谓当时胡马南下，越过北山大漠以后，南方水草地域在汉族控制之下，千里赍粮，人劳马疲，军略上已处于不利之地，胜负之数不待决战而后知矣。自今视之，其言信然。自安西至敦煌，旧为四站，二百八十里。三十一年尚无公路，汽车即循大车辙道，顺三危山取西南向，在戈壁上行，道颇崎岖。出安西西门，沿飞机场西南行，七十里瓜州口。瓜州口北四五里瓜州废城，盖清代之所筑也。南行里许一小庙，四壁壁画残存少许，藻井画亦未全毁，尚是五代之物。自瓜州口西南行七十里甜水井，水苦涩。贰师将军之悬泉据云即在甜水井南十余里三危山下，俗名吊吊水，以其出自山崖，故名。又七十里疙瘩井，又七十里敦煌城。余于三十一年十月九日午抵敦煌，下午即去千佛洞，住其间者凡九阅月。中于同年十月中旬至南湖一访阳关遗址，三十二年三月旬往游大方盘、小方盘，探玉关之胜迹，访河仓之旧城。其年四月复自敦煌至南湖，由南湖北行越中戈壁以至西湖，再访玉关，然后东行以归敦煌。五月至安西，礼万佛峡诸窟，历时一周，复返千佛洞。七月遂东归返川。以在敦煌历时稍久，见闻较多。以下分两关遗址，敦煌附近之古城与古墓，西千佛洞、莫高窟与榆林窟，在此所见到之敦煌写经，凡四项，各纪大略。

（一）两关遗址

汉代之玉门关、阳关，皆在龙勒县境内。汉龙勒县，至唐曰寿昌，即今敦煌西南之南湖也。阳关即在南湖，玉门关位于敦煌西北，距敦煌凡二百里，今小方盘城即古玉门关遗址。自南湖北行一百四十里至其地。南湖有人户百余家，游览较便，三十一年十月既至敦煌，晤地理组吴、李、周诸先生。李承三先生以事先东归，吴、周二先生议游南湖，余与同行，往返四日。是为第一次访阳关。翌年三月油矿局敦煌木料采运处有至敦煌西湖勘察木料之举，途经大方盘、小方盘二城，乃古河仓城玉门关遗址，余与同行。往返六日。是为第一次访玉门关遗址。至四月，敦煌驻军因事往勘南湖及西湖，来邀同往。先自敦煌至南湖，复由南湖北行至西湖，沿小方盘、大方盘路以返敦煌，往返亦六日。是为再访两关。关于两关遗址之考证及其他问题，具见余所作《两关杂考》，为《瓜沙谈往》之第二篇。兹所记者沿途道里大概而已。先自阳关始。出敦煌西门，过党河（汉氏置水唐之甘泉也）。五里敦煌旧城，自此西南行，十五里南台，二十里双墩子，三十里大墩子，七十里南湖店，宿。店位于党河北岸，茅屋三间，炕上屋椽，烟薰若漆，蛛丝下垂，益以灰尘，喻者谓似瓦松倒植，又以为如藤花满架。偶一震动，灰尘簌簌下坠，自禅家视之，则此即是乱坠之天花也。清代于此设石俄博汛，今店东五里许党河北岸犹有房屋遗址，墙垣俱以鹅卵石砌，倾圮殆尽，当即其处。自南湖店西行，五里西千佛洞。党河发源于南山中，自东西流，至是成西北向冲破三危山成一峡谷，出峡后复折向东北以达敦煌，然后北流，汇入疏勒河中。自敦煌以至南湖店西约四五十里，俱行戈壁中，以后地渐陡，四面沙丘，俗呼沙窝子，车骑俱困。未至南湖十许里，一地曰山水沟，沙丘中时见版筑遗迹，今则杳无人烟。南湖于三十一年冬筑有一小城，名曰阳关堡。自敦煌入新大道即经堡前，而又适当南湖之中心，堡北俗呼工上，又分为南工、北工，因坝而得名。堡南俗名营盘，南湖诸泉，即在其东，方圆可十余里，夏日芦苇丛密，凫雁飞翔，一行猎之佳处也。阳关堡西北三里许有地名古董滩，自古董滩北里许即红山口，亦名龙首山，两山中合，一水北流。出红山口西北行十余里是为水尾，居户十余家，南湖一保所辖止于此。自水尾而北而西，戈壁大漠遥天无际。堡东北五六里是为古寿昌城，城东西北三面城垣尚未尽圮，城中北面沙丘堆积高与城齐。城东南隅有光绪乙巳春安肃兵备道和尔贯额书、知敦煌县事汪宗翰立之古阳关碑一，故世亦有以古寿昌城为即古阳关故城者，此不考之过也。案阳关遗址久已湮没，土人且有阳关隐去之说，用益增其迷罔。然阳关屡见于唐人地志，而其方位则实以寿昌县之所在为其考定之尺度。《汉书·地理志》谓龙勒县有阳关。据《新唐书·地理志》，寿昌县治龙勒城，是唐代之寿昌即因汉龙勒旧县而改也。《元和郡县图志》卷四十沙州条寿昌县因县南寿昌泽为名。寿昌泽亦名寿昌海，敦煌某氏藏后晋天福十年写本《寿昌县地境》寿昌海下注云：

  源出县南十里，方圆一里，深浅不测，即渥洼池水也。

此所谓寿昌泽或寿昌海，即今日之南湖，南湖垦地因此得名，正在古寿昌县南。《旧唐书·地理志》谓阳关在寿昌西六里，《元和志》同，《新唐书·地理志》则作十里，巴黎藏石室本又一《沙州图经》同。古寿昌县即唐寿昌城遗址，则必非阳关可知也。今红山口及古董滩位于寿昌城西约六七里。出红山口西北行百四十里是为小方盘城，即汉玉门关故址，自古董滩西行，则为通南疆之大道。古董滩去红山口不过一里而遥，今人时于其地得玉铜诸器以及陶片。临洮周炳南藏汉简十余片，其一有阳嘉二年五月二十日敦煌长史行诸字，亦出于此，故据唐人书，汉代之阳关应求之于今红山口及古董滩之间，以寿昌遗址为古阳关，不可信也。

  汉玉门关亦在龙勒县境内。自斯坦因于今敦煌之小方盘城发现汉代属于玉门都尉诸版籍以后，小方盘城之即汉玉门关遗址，久已成为定论。今自敦煌至小方盘城有二道。一取道南湖，出红山口，十五里水尾。由水尾北行，循戈壁四十里至卷槽，其地以前可以耕种，后以来自南湖之水源不继，道光中叶以后遂归湮废。今沟渠阡陌遗迹尚历历可见，败壁颓垣巍然峙于荒漠之中。自卷槽更北行约三十里芦草井子，有井一，水尚可饮，自水尾至是七十里始略见水草。由芦草井子更北行五十余里，沿途渐见胡桐树，即至小方盘。一道出敦煌西门过党河，经飞机场西北行戈壁中七十里头道沟，牧羊人筑土房一，小庙一，有水，更二十里为人头疙瘩。或则出敦煌西门后，过党河即偏西北行，自飞机场北取道武威堡入戈壁。七十里硷泉子，小泉一泓，方圆数丈，水赤红如马溺，咸苦不可饮。自此西行二十里至人头疙瘩，与头道沟之道汇，为程亦九十里。唯取道头道沟以至人头疙瘩，俗云九十里，实在百里左右，视硷泉子一道为稍远。头道沟至人头疙瘩之间，道旁时见小阜，质为沙石，风化剥蚀，离乱零落，细者扬为灰尘，化作砂砾，戈壁小石以此为多。大者如房，或亦盈丈，散布道旁，如虎踞，如狮蹲，有时排列道左右绵亘里许，则又似埃及之人首狮身怪兽。自人头疙瘩以西七十里至大方盘城，景物尤奇。小阜或以剥蚀过甚，突立若率堵波，若墩台；或则四围环合，顶平若削，中为平沙，自缺口策马以进，如入古城，如游墟市。沿途胡桐树甚多，往往成林，汉、唐烽燧掩映其间。薄暮时夕阳斜照烽燧以及土阜上，反射作黄金色，则又似蜃楼，似海市。浑疑此身不在荒漠之中矣。始至人头疙瘩，即见其北远山一抹，横亘天际，是为北山，山南汪洋一片成银白色，则疏勒河下游，所谓哈喇脑儿，义为黑海子者是也。哈喇脑儿以东数十里，敦煌称之为北湖，安西称之为西湖。两县人每年春于此耕地种麦，雨多则丰收，是为撞田。疑即汉效谷县地。自人头疙瘩以西，俱沿疏勒河南岸行，春夏之间，河水泛溢，到处沮洳，颇碍车骑。行七十里至大方盘城。城在河南，城南戈壁陡起，一墩翼然耸峙其上。城北数十步即是苇滩。城分内外二重。外城城垣倾圮已尽，唯北垣仅存少许。原来四面俱有碉楼，今西南隅一碉楼尚完整，高约三丈，西北及北面者犹存残基。内城建于高约一公尺半之石台上，东西长南北狭，中分三室，隔以墙垣，更无门户以通往来。三室面南各自辟户。今东西北三面周垣犹存，南面略有倒塌。形制不类普通城堡。伦敦藏石室本《敦煌录》曰：

河仓城，州西北二百三十里，古时军储在彼。

《鸣沙石室佚书》影印巴黎藏石室本《沙州图经》亦有河仓城，谓周回一百八十步，文曰：

右在州西北二百卅二里，俗号河仓城。莫知时代，其城颓毁，其址犹存。

斯坦因据《敦煌录》所记，以为大方盘即古之河仓城，其说是也。河仓城唐又名河仓烽，据《太平寰宇记》，唐时敦煌西北与寿昌盖以此为界。自大方盘南循戈壁西行四十里是为小方盘城，汉玉门关之故址也。城周垣犹存，面西一门，北垣一门已堵塞。巴黎藏石室本残《沙州图经》亦有玉门关，谓城周一百卅步，高三丈，今犹如此，知尚是唐代之旧。城北稍东约一百公尺，一土阜形似废墩，斯坦因在此得汉简甚多，其玉门都尉诸版籍即出于是。城北土阜如废墩者合此骈列而三。东南距城约二百公尺，亦有数土阜，三十二年四月过此，曾以兵士一班掘之，历一小时才进一公尺许，土坚不可入，遂罢。是否真为古代烽燧遗址，尚未能决也。自小方盘西行三十里为西湖，俗名后坑子，泽中芦苇丛生，形稍屈曲，自西北略偏东南，古所谓曲泽，或即指此。三十里间汉代长城尚有存者，自小方盘迤逦于以迄于西湖东沿，高处往往达三公尺，版筑而成，每层之间铺以芦苇，错互相交。十里之间辄有一墩，成六棱形，墩下例有小室方丈许，隔成四间。室顶尽塌，而墙垣门灶痕迹尚可见。室旁砌土级上墩，今毁，迹仅有存者。此当是逻卒之所居也。长城其直如矢，自西湖至小方盘不稍邪曲。越西湖而西，不见长城，唯有烽燧。余两次游踪，俱只止于此。据云自此西行两站约百四十里，尚时见烽燧之遗迹云。自南湖至小方盘，中间一百四十里并无长城遗迹，唯水尾以北每约十里即有一墩台，以迄于小方盘，此盖汉代烽燧。疑两关之间即以此等烽燧为之联络为之眼目，以防行旅之偷渡也。

（二）敦煌之古城与古墓

以上所述之两关遗址以及河仓城古寿昌城，皆为敦煌有名之古城，为游历考古之士所艳称者也。然汉敦煌郡治敦煌、冥安、效穀、渊泉、广至、龙勒六县，其冥安、渊泉、广至三县在今安西境内，敦煌、效穀、龙勒三县在今敦煌境内。魏、晋以后，建置纷繁，典午之世敦煌一郡领县至十二，视汉且倍之。大率旋兴旋废，初鲜常规。至今敦煌境内除前举两关诸遗址外，古城残迹犹时时可以见之。今出敦煌城南门或东门，复东南行约十五里，过敦煌沙漠区边际,越沙丘,即至一地名佛爷庙,以有小庙一座故名。庙建于光绪十五年,至今将六十年,栋宇如新。其地弥望皆是土阜,绵亘南北可五六里,东距戈壁不足半里。西则沙丘连绵,土阜不复可见。然西面沙丘中间有平地,屋基痕迹,依稀可辨。土阜间陶器碎片到处皆是,形制与他处所见六朝以及唐代之陶器同。则其地必是一古城遗址也。《敦煌录》云:

> 州(沙州)南有莫高窟,去州二十五里。中过石碛,带山坡至彼,斗下谷中。其东即三危山,西即鸣沙山。

所谓州南当是州东南之误,千佛洞 $\dfrac{C300}{P17bis}$-c 为张大千所编号,P 为伯希和所编号。以下仿此号窟窟外北壁上有唐人书《莫高窟记》,亦曰:

> 右在州东南廿五里,三危山西。

可证《敦煌录》莫高窟条州南之误。是唐代之沙州去今千佛洞二十五里,在千佛洞之西北。今自敦煌城至佛爷庙约十五里,由佛爷庙东南行戈壁中约十五里,上小山坡,坡尽复为戈壁,鸣沙山即在其南,此一戈壁为程亦约十里,行尽然后向南折下谷中,即至千佛洞。其情形与《敦煌录》《莫高窟记》所纪同,则今佛爷庙一带遗址,疑即为唐、宋时代之沙州也。唐、宋时代之沙州已在党河东岸,故自敦煌经阳关以入西域者,必须过党河。《新五代史·四夷附录》引晋天福间高居诲《使于阗记》曰：

> 瓜州南十里鸣沙山，云冬夏殷殷有声如雷，云《禹贡》流沙也。又东南十里三危山，云三苗之所窜也。其西渡都乡河曰阳关。

王静安先生以都乡河为即党河，恐有未谛。唐、宋时代之沙州固已在党河东岸，然唐名党河曰甘泉水，都乡河则都乡渠之别名也。《鸣沙石室佚书》影印巴黎藏石室本《沙州图经》七所渠之第四所为都乡渠，文曰：

> 右源在州西南一十八里甘泉水马圈堰下流，造堰拥水，□里，高八尺，阔四尺。诸乡共造，因号都乡渠。

因其诸乡共造，类乎总渠，水势较大，俗又名之为河耳。非党河也。

又出敦煌城西门，过党河五里敦煌旧城。城垣尚有存者，城内则悉夷为田畴矣。道光《敦煌县志》卷七《古迹》敦煌废郡条云：

> 今按沙州旧城即古敦煌郡治也。今在沙州之西，墙垣基址犹存。以党水北冲，城墙东圮，故今敦煌县城筑于旧城之东。

汉以后之敦煌郡治果在何处，尚无可考。唯按巴黎藏石室本《沙州图经》一所故堤条引《十六国春秋》言嘉兴五年（公元四二一年）沮渠蒙逊率众攻李恂，三面起堤，以水灌城。使其城在党河以东，蒙逊似难筑堤以引水也。故汉、魏以降以迄六朝，敦煌旧城，或竟在河西，如《道光志》之所云。自旧城西约十里，俗名南台县，亦名沙枣城，土阜累累，呈南偏西南向，长约十里。岂汉以来之敦煌郡治，当求之于此欤？此非发掘无由考定也。又《沙州图经》言古效穀城在州东北三十里，周回五百步，唐时北面颓基尚数十步，今敦煌城东北数十里，乡人云尚有古城遗址，是否即《图经》所云之效穀城，未曾目验，不敢定也。

凡此所陈，皆在敦煌附近之古城遗迹也。敦煌属之南山中尚有党城，自敦煌南行入南山约二百里即至其地，以位于党河上游之北岸，俗因呼之为党城，视寿昌城为大，不知筑自何代。案西凉李暠曾筑城于敦煌南子亭以威南虏。子亭一地至唐、宋时犹存。巴黎藏石室本《沙州图经》，卷首残缺，纪甘泉水自南山发源，沿途所经，以及抵敦煌附近，酾为诸渠情形。其中即有子亭之名，辞云：

> 上残多野马中缺狼虫豹窟穴。其中缺里至子亭镇西三中缺约九字烽。又西北流六十里至山阙烽。水东即是鸣沙流山。中略其水西有石山，亦无草木。又东北流八十里，百姓造大堰，号为马圈口。中略其水又东北流卅里至沙州城，分派溉灌。下略

所谓山阙烽大约即指西千佛洞西之党河口，党河西北流至是冲破三危山成一峡口，然后复转而东北。烽置于峡口，故曰山阙，清代有

党河口卡汛，大约即在其地附近也。自山阙烽至子亭镇里程，以《图经》文有残缺，不能详知，疑不过百余里。今从党城西行至党河口两日程，与子亭镇距山阙峰之距离相近，则党城或即西凉以来之子亭镇遗址，亦未可知也。伯希和、羽田亨合编《敦煌遗书》收有《敦煌名族志》残卷，其所载阴氏有阴仁干为沙州子亭镇将，又有阴琛者为行瓜州雍归镇将。万佛峡张编六号窟门洞南壁供养人像自东至北第一人为慕容逼盈，第三、第四两人题名结衔俱带紫亭镇遏使，今具录如次：

施主紫亭镇遏使银青光禄大夫检校散骑常侍保实第三人

施主紫亭镇遏使……第四人

慕容逼盈为曹议金婿，后唐清泰时知瓜州刺史，慕容保实盖其孙子，当在宋代。紫亭即子亭，天福本《寿昌县地境》可证。又巴黎藏石室本《罗盈达邈真赞》云：

誉播衔庭，兼受极任。紫亭贵镇，胥理边城。抚育疲徒，如同父母。又迁上品，委任马步都。

又赞曰：

注持雄镇，抚育孤危。荣超都将，名透丹墀。

是至唐、宋之际，子亭不仅犹为驻兵之所，且系瓜沙南藩一雄镇，非亲贵不能膺斯重寄也。又千佛洞$\frac{C214}{P130}$号窟，窟檐修于宋太平兴国五年曹延禄之世，窟主为阎员清，窟檐梁上有员清题名，其全部结衔作：

<blockquote>窟主节度内亲从知紫亭县令兼衙前都押衙银青光禄大夫检校刑部尚书兼御史大夫上柱国阎员清</blockquote>

是在瓜沙曹氏之世，且于紫亭设县置令矣。紫亭县既不见于《元和郡县志》，《太平寰宇记》亦未著录，千佛洞题名恰可以补史之阙文也。雍峤镇，亦见万佛峡张编六号窟，窟内门楣上元至正二年书《斋粮记》，地无可考，疑即今万佛峡南之石包城。

又按敦煌一地，汉、唐以来即绾持西陲锁钥，为华戎所支一都会，五代宋初瓜、沙曹氏且称王自娱。而二千年来此地土著与夫强藩之郁郁佳城究在何处，此亦至堪耐人寻味者也。《沙州图经》记有州东二十里之阚冢，为阚骃祖父之墓，高三丈五尺，周回三十五步。巴黎藏石室本阴善雄《墓志铭》，谓葬于州东南漠高里之原；罗盈达《墓志铭》，谓葬于莫高里阳开河北原。又如《孔公浮图功德铭》，《索法律窟铭》，俱纪及葬地。凡此是否犹有可寻，盖考古之士所亟欲闻知者也。三十一年冬始至敦煌，即闻人言佛爷庙至千佛洞中途戈壁上有砾石堆甚多，疑是古代墓葬遗址。其后数次往观，则自佛爷庙以东此种砾石堆累累皆是，迤东以至于新店子，长达三四十里。大都中为砾石堆成之小阜，高者及丈，低则几与地平，为数三五不等。堆前亦有砾石铺成之狭长小道，稍稍高起。外以砾石堆成长方形之外围，高仅尺许，制同围墙，面南或西辟一甬道。三十二年三、四两月赴西湖，则见敦煌北面戈壁中亦有类此之砾石堆，唯不及佛爷庙东戈壁上之弥望皆是耳。敦煌西戈壁上以及南湖附近俱有此种砾石堆，形制大概相同。亦有于长方形外围之一端树以土墼砌成之二墩，形同双阙者，其余则无异也。土人相传称此为营盘，有七十二座连营之说，以为乃昔日兴修千佛洞时，监守军士驻扎之所，东向直达安西云云。就其形式观之，与斯坦因、黄仲良诸人在高昌所发掘之六朝以及隋、唐古墓绝相类似，则其为古代之墓葬群，盖无可疑也。三十三年夏西北科学考察团历史考古组至此从事发掘，以前之所推测者一一证实。佛爷庙东戈壁上者大都为六朝时代之墓葬，鸣沙山下及新店子有双阙者则率属唐代。此种墓葬，即就佛爷庙东戈壁上以至新店子一带而言，为数逾万，兹所及者不逮千分之一。其所蕴藏之有裨于汉、唐以来瓜沙古史以及西陲文化之研究者，可以臆测也。

（三）西千佛洞莫高窟与榆林窟

石窟寺之制度实起于印度，由印度以及于西域，然后传至中国。河西为中古时代中西交通之孔道，中外文化之交流几莫不由是，故石窟寺亦较他处为特多。敦煌有西千佛洞以及古名莫高窟之千佛洞；安西有古名榆林窟之万佛峡以及昌马之东千佛洞；玉门有赤金之红山寺；酒泉有文殊山；张掖有马蹄寺；武威有沮渠蒙逊所开今不知所在之石窟。此皆属于河西者也。自此逾乌鞘岭而东，则永靖有炳灵寺，天水有麦积崖，泾县有石窟寺，邠县有大佛寺。秦陇间之石窟寺约略尽矣。其间陇右多为石刻，河西率是塑像以及壁画；论时代则又以河西为先，陇右不过承河西之余波而已。河西诸石窟，凉州者已不可踪迹，马蹄寺疑受西番之影响，为时非古，文殊山、红山寺、东千佛洞大都残毁，所余无几。河西诸石窟寺壁画塑像之可称道，而为我艺术上之瑰宝者，仅西千佛洞、莫高窟、榆林窟三地而已。时贤或立敦煌艺术之名，要当合此三者而观之方可以知其梗概也。

西千佛洞在敦煌西南七十五里，以前唯二三外国游人至此，相与称道，近三数年则国人知之者亦渐众矣。出敦煌西门，过党河，西南行七十里，南湖店，更西行五里许，党河北岸戈壁上二窣堵波翼然峙立，半就倾圮，形制犹是宋、元之旧。自此缘坡斗下谷中，河北岸即为西千佛洞。窟下土屋三间，一道人携一幼女居此。屋前白杨成列，略有田畴，与莫高窟仿佛，而规模差小。窟即位于党河北岸。绝壁临流，凿崖为窟；党河即自窟下蜿蜒东逝。窟存者为数十五。以前大约俱有阁道通连，今已崩塌，另辟蹬道，并将窟壁凿通，以便往来。可以登临者计凡九窟。又六窟高踞绝壁，莫由攀跻，只能自崖下仰望，略窥仿佛而已。南湖店下临党河处亦有三窟，壁画仅有存者，窟亦崩塌过半。张大千共为编十九号：南湖店起十七号讫十九号；西千佛洞起一号讫十六号。就曾登临之诸窟言之，大都为元魏一代所开，唐及五代、宋初续加兴修。窟中央有中心座，座四面凿龛，中塑佛像。四壁多绘贤劫千佛及佛跌坐说法像，亦有绘佛涅槃像者。中心座及四壁佛像下绘金刚力士像，与莫高窟诸魏窟同。莫高窟诸魏窟四壁及藻井于贤劫千佛像外，间绘佛本生故事，而西千佛洞则此类作品甚少。只第九窟窟内南壁西段绘《睒子经》故事，东段绘牢度叉斗圣，此则又为莫高窟诸魏窟所未有者。诸窟供养人像男子着裤褶，女子窄袖长裙，与莫高窟诸魏窟同。塑像多是犍陀罗式，画法较之莫高窟诸魏窟更为真率简朴。第五窟中心座东面座下有发愿文一篇，可辨识者尚七十余字，盖佛弟子昙藏为其亡祖父母及父母造像之发愿文也。文上又遭为时少后之人涂抹，上一层不甚可辨，文末比丘尼惠密（？）供养佛时及亡母田青苟供养佛时二行可识。盖北魏人真书之极精者。第六窟窟内南壁西段有朱书"如意元乖垂五旦"六字题记，日字下为人以刀子截去。案巴黎藏又一残《沙州图经》卷首有云：

右在县东六十里。《耆旧图》云，汉中缺佛龛，百姓渐更修营。下缺

此一残卷所志为寿昌县。寿昌东六十里纯是戈壁，仅西千佛洞为可兴修佛龛，友人夏作铭先生因云此所记即西千佛洞，其言是也。就此残篇测之，西千佛洞之开创，纵不能早于莫高窟，当亦与之相先后也。其未能攀登诸窟，据张大千云一窟有于阗公主供养像，题名已漫漶，盖又是五代或宋初之所兴修矣。西千佛洞合南湖店下三窟，张大千凡编十九号，有壁画者只十八窟，以前疑不止此数，至今西千佛洞二号窟以西崩塌诸窟痕迹尚历历可见。遥想古代自西千佛洞至南湖店，沿党河北岸（或竟缘河南北两岸），当俱有石窟，迤逦高下，如蜂房，如鸽舍，其庄严华丽或者视莫高窟竟有过之。只以地当党河转向处，水流迅急，直趋北岸，水啮崖根，深入寻丈，危崖虚悬，崩塌自易。重以窟上即是戈壁，漫无遮拦，岩层虽与莫高窟同属玉门系，而所含石砾远较莫高窟者为粗，大者如盆如碗，小亦如拳如卵，更易崩裂。故自西千佛洞至南湖店，沿党河北

岸，为风剥蚀，崖壁裂成深沟，形同峡谷。此亦为石窟毁坏崩塌之一重大原因。是以就自然毁坏言之，西千佛洞之危险程度，盖远过于莫高窟也。

安西之万佛峡古名榆林窟，位于安西南一百四十里之山中，适当踏实河两岸。出安西西门，西南行逾十工山（即三危山）七十里破城子，南行过戈壁四十里水峡口。斯坦因所云之小千佛洞，土人亦名曰下洞，即在峡口，两岸共存十一窟。自水峡口入山，沿踏实河南行，二十里蘑菇台子，又十里至万佛峡。亦有自安西先至踏实者，为程九十里，由踏实然后取道水峡口以至万佛峡，为程亦七十里。万佛峡有窟约四十，有壁画者张大千凡编二十九号。窟在踏实河两岸。东岸二十窟，上下二层，下一层自北至南为一至五号，上一层自南至北为六至二十号。西岸九窟，自南至北为二十一号至二十九号。两岸相距不及一百公尺。万佛峡诸窟窟门外大都有一丁字形甬道，长者至达十五公尺。以两岸相距甚近，峭壁陡立，反光颇强，故窟外虽有长十五公尺之甬道，窟内光线依然甚佳。而以有甬道以为保护，风日俱不易侵入，窟内壁画受自然损坏之程度亦不若千佛洞之烈。中如第十七窟壁画，颜色线条一一若新，盖千佛洞所未有也。窟多修于瓜、沙曹化之世，供养人题名足以补曹氏一代史事者，颇复不少，应与千佛洞诸题名合而观之。余可参看《瓜沙谈往》第三篇《莫高、榆林两窟杂考》，不复赘。

敦煌千佛洞，古名莫高窟，在敦煌城东南四十里。出敦煌城东门或南门，东南行，十五里佛爷庙。自此而东行戈壁中，南即鸣沙山，十五里上山坡。坡尽复为戈壁，约十里向南斗下谷中，是为千佛洞。即古之莫高窟也。窟在鸣沙山东端，峭壁削成，高达十丈，南北绵亘三里许。一小河发源南山，北流经窟前，蜿蜒北行，遂没入戈壁中；今名此水曰大泉，疑即唐人所云之宕泉。窟前白杨成行，拔地参天，盛夏浓荫四合，不见天日，几疑行韬光道中，皆二十年前道士王元箓之所植也。有上、中、下三寺。上、中二寺邻接，在最南端，大约创建于清乾隆时，中寺今犹存乾隆时雷音禅林寺额；二寺俱由喇嘛住持。下寺在最北端，与上、中二寺相距约里许，为道观，盖王元箓所创修者。隔河东望约四五里，即三危山，遥视山色青黑如死灰，薄暮时夕阳返照，色又紫赤，如紫磨金；近之石骨崚嶒，如植剑，如露刃，抚之则随手纷坠。三十二年教育部收千佛洞为国有，于其地设敦煌艺术研究所，以中寺为研究所所址；自张编第一号窟起至一六二号窟止，筑一长围。上寺划诸墙外，改为新运促进会服务所。复于下寺驻兵一排，以资保护。缁流黄冠风流云散。千佛洞自始创至今历千六百年，将以此为最大之革命矣！千佛洞诸窟张大千凡编三百零九号，复益以耳洞若干；伯希和编一百七十一号，而每一号之副号有达三十者；综计有壁画之窟数当在四百左右也。

关于莫高、榆林诸窟创建之年代，及其在中国佛教艺术史上之地位与价值，国内外时贤论之已众，兹不赘。今唯略记两处自魏至宋确有年代可考各窟之年号，此为明了壁画时代之尺度，研究敦煌佛教艺术者不可不知也。次则于莫高、榆林诸窟供养人像之题名有裨于唐、宋时代历史以及瓜、沙故闻之研究者，亦为之略述一二，莫高、榆林诸窟历史学上之价值，藉此可以知其梗概也。

榆林窟窟数不多，又多属唐、宋以后所重修，有年代题记者寥寥无几。只十七窟窟门外有光化三年题记一篇，墨色如新，唐人行书极为飞动。然窟固修于光化以前，壁画为中唐佳作，谓为开于光化三年者非也。十三窟窟门外有雍熙五年戊子重修题记，雍熙只四年，五年戊子为端拱元年。第十窟窟外甬道壁上有西夏人书《住持窟记》一长篇，末题国庆五年癸丑。国庆为天赐礼盛国庆之省书，乃西夏秉常年号，癸丑为国庆三年，五年为乙卯非癸丑，二者必有一误。榆林窟所有唐、宋时代纪年约尽于此。莫高窟诸窟有年代可考者以元魏一代为最早。$\frac{C86}{P121}$ 号窟北壁壁画下发愿文已漫漶，而"时正光囗年"诸字犹隐约可见。莫高窟诸窟题识年代无早于此者。$\frac{C83}{P120n}$ 号窟窟内北壁发愿文有魏大统四年及五年诸年号，各魏窟壁画保存之佳年号之清晰，当以此为最。唯其中二方，不知是何妄人思欲以刀子截去，以致残损，诚堪痛恨。$\frac{C94}{P137a}$ 号窟窟内中心座北面座下有隋开皇四年六月十一日发愿文，$\frac{C96}{P137d}$ 号窟窟内北壁壁画下有开皇五年正月发愿文；文俱残缺。有隋代年号者只此二窟。$\frac{C270}{P64}$ 号窟原为初唐时开，复经宋人重修，三十二年冬为人全部剥离，唐初画居然完好。窟内北壁壁画下方一小牌子有贞观十六年岁次壬寅奉为天云寺律师道弘云云题记；窟内门楣上有囗玄迈造像记，末亦有贞观十六年纪年。此为翟家窟，道弘、玄迈疑俱翟姓。李唐一代年号以此为第一。$\frac{C215}{P120}$ 号窟外飞檐上有大字朱书贞观二十二年阴仁本云云题记。贞观年号总凡三见。$\frac{C137}{P149}$号窟窟内门楣上有垂拱二年发愿文，大致完整。同窟北壁维摩变下有武后时张思艺造《维摩变发愿文》，文存下半，张思艺姓名上尚隐约可见圣历二字。$\frac{C26}{P28}$号窟窟内佛龛下发愿文已漫漶，文末万岁三年诸字尚可识。武后一代年号只此三事。$\frac{C289}{P41}$号窟窟内佛龛南菩萨像侧有"清信弟子张承庆为身染患发心造二菩萨天宝七载五月十三日毕功"题记。同窟南壁观音像侧一题记云，"观世音菩萨弟子阚日荣奉为慈亲蕃中隔别敬造"。是此窟于沙州陷蕃以后又经重修矣。$\frac{C287}{P48}$号窟窟内佛龛北菩萨像上有"天宝八载四月二十五日书人宋承嗣作之也"一题记。窟则亦经后人修过。$\frac{C186}{P156}$号窟窟内南壁壁画已剥落，上有上元二年题识的是唐人书，盖未画以前之所题。然此是肃宗之上元，非高宗之上元，就壁画可以知之也。$\frac{C20}{P16}$号窟有咸通七年三月二十八日魏博弟子石弘载及浙江东道弟子□□□题记一方，为张大千所剥离，临行以赠敦煌艺术研究所，不知原在窟内何处。唯此乃开天时乐庭瓌所开窟，咸通题记当是重修时书耳。$\frac{C285}{P50a}$号窟窟内佛龛下有咸通十三年发愿文，窟内东壁一女供养人像题名有舍贱从良云云，亦莫高窟供养人题名之别开生面者也。唐代年号约尽于此，计凡十一见。又 $\frac{C283}{P51c}$ 号窟窟内门楣上有□佛赞文，文内有河西节度使张公称谓，末作岁次癸亥，画属晚唐。则此所谓节度使张公，盖为张承奉，癸亥乃昭宗之天复三年，李唐年代此为殿军矣。至于五代则每姓恰有一年号以为代表，亦是一奇。$\frac{C61}{P96a}$ 号窟窟外有梁贞明五年造像愿发文残片。$\frac{C187}{P155}$ 号窟窟内佛龛下发愿文为唐清泰甲午所记，盖后唐废帝之元年。然此是隋窟，五代人重加修理耳。$\frac{C203}{P136n}$ 号窟窟门已崩塌净尽，佛龛下有晋天福□年发愿文一篇，此亦是隋窟，非五代人所开也。$\frac{C65}{P99}$ 号窟窟内东壁有汉乾祐三年发愿文一篇。$\frac{C25}{P26}$ 号窟窟外门楣上发愿文有大周广顺七年诸字尚可识，七字不甚清晰，广顺无七年，疑或是三字。窟内为唐初开，只窟外天王像系五代人笔而已。宋代有 $\frac{C212}{P136}$ 号窟窟外窟檐，为乾德八年曹元忠修，乾德只五年，此盖开宝三年也。窟檐梁上有题记。此亦是隋窟，元忠重修门洞及窟檐，然窟檐内天王像为宋代佳塑，言塑像者所不可忽者也。$\frac{C214}{P130}$ 号窟窟外窟檐为太平兴国五年曹延禄之世阎员清所修，窟檐梁上有题记二段。原亦是隋窟，初唐重修，阎氏又修窟檐也。$\frac{C224}{P120z}$号窟窟外窟檐为开宝九年曹延恭之世所修，开宝九年即太平兴国元年也。窟檐梁上有题记。檐外北壁上有太平兴国三年及庆历六年宋人题名二则，宋人题名此为仅见。此窟亦是初唐所开。宋代年号只此五事。元人在各窟题名最多，亦最恶劣，明代则只成化十五年及正统十二年二则，清人题名始于雍正。此种题名年代虽似无关宏恉，然历代在河西之进退消长，几俱可于此见之，是亦治史者所当知也。又$\frac{C63}{P96c}$号窟为一晚唐窟，塑像全毁，壁画亦粗率，西龛壁上乃有宋元嘉二年题壁。不惟画非六朝，字亦是近人恶札。且莫高窟诸六朝窟皆在第二层或第三层，此在最下，殊为不类。其为近人赝作，毫无可疑；学人不必于此妄费考辨也。其$\frac{C1107}{P128}$号窟窟内佛龛北壁上之梁大同八年题记，则敦煌任子宜先生游戏之作，谨书于此，以谂来者。西千佛洞仅武后如意元年一题记，已见前，不更赘。至于研究敦煌壁画，年号当然非唯一之尺度，此外尚应就各窟之构造形式，供养人像之服饰，绘画之色调技术作风诸项，参伍比互，始能明其大较，所谓年号不过尺度之一种而已。

　　敦煌自天宝乱后，遂沦吐蕃，凡百余年，至大中初张议潮兴复旧物，始以瓜、沙、伊、肃等十一州户口图籍来献，重奉唐家正朔。石室本《敦煌录》谓莫高窟"其谷两头有天王堂及神祠，壁画吐蕃赞普部从"云云。壁画吐蕃赞普部从之天王堂及神祠，以及《大蕃阴处士修功德记》所载兴修诸窟，今俱无可考。莫高窟诸窟今确知其为吐蕃据有沙州时之所兴修者，有$\frac{C10}{P6}$一窟，$\frac{C164}{P163}$一窟，$\frac{C169}{P166bis}$一窟，$\frac{C209}{P136c}$一窟，$\frac{C301}{P19bis}$一窟。$\frac{C10}{P6}$号窟窟内门楣上绘供养人像，北男南女，中间一牌子上大虫皮三字尚隐约可见。窟内东壁门南女供养人像第一人题名云：

夫人蕃任瓜州都督□仓曹参军金银间告身大虫皮康公之女修行颖悟优婆姨如济（？）弟（？）一心供养

$\frac{C301}{P19bis}$号窟窟内塑佛涅槃大像，门洞宋人重修，经张大千剥离，下露供养比丘像，北面一像上题云：

大蕃管内三学法师持钵僧宜

$\frac{C164}{P163}$号窟窟内塑七佛大像，佛座及四壁经宋人重修，佛座下今剥出藏文题识三行，喇嘛谓藏文末题虎年修云云，藏文下有汉字发愿文一长篇，唯无年号。而$\frac{C169}{P166bis}$号窟窟内门楣上绘供养人像，形貌服饰与$\frac{C10}{P6}$号窟窟内门楣上所绘者同，疑亦是吐蕃据有沙州时所修也。$\frac{C209}{P136c}$号窟窟内门楣上供养人像与$\frac{C10}{P10}$及$\frac{C169}{P166bis}$二窟同，唯窟内壁画塑像俱属隋代，则此不过吐蕃时代所重修者耳。大虫皮乃是吐蕃武职官阶，或者因其身披大虫皮，故名。《旧唐书·吐蕃传》纪贞元二年九月凤翔节度使李晟使将王佖夜袭吐蕃营，命"候其前军已过，见五方旗虎豹衣，则其中军也。出其不意乃是奇功"云云，是其证也。唐代吐蕃官制，书史纪载不多，此却可以补两《唐书》之阙。又《南诏德化碑》及樊绰《蛮书》俱纪有大虫皮之制，金银间告身亦见于《德化碑》。往治南诏史颇为不解。今见莫高窟供养人像题名，则南诏之制实袭吐蕃之旧。天宝以后阁罗凤臣服逻迤，贞元时始重奉唐朔，其文物制度受吐蕃之影响，亦势所必至也。因见莫高窟吐蕃时代供养人像题名结衔，遂拈此解。以西陲之残迹，证南服之古史，或亦治李唐一代故实者之所不废也欤？其莫高窟诸窟所有张议潮一代诸供养人像题名结衔之足以证明张氏一代之史事，补正罗叔言所撰《张议潮补传》诸点，已于《瓜沙谈往》第四篇《〈补唐书张议潮传〉补正》一文中具论之，不复赘。

张议潮收复瓜、沙以后，淮深、承奉继有其地，垂七十年，承奉且建西汉金山国号圣文神武皇帝。卒为甘州回鹘所迫，以致败亡。后梁贞明中遂由长史曹议金继长州事，历四叶至百四十年，瓜、沙晏然不见兵革。曹氏史事亦只散见于新旧《五代史》及《宋史》中。上虞罗叔言始裒集群书著为《瓜沙曹氏年表》，前后凡两易稿，而后曹氏一代一百四十年之史事，年经月纬，历历可考。然张氏败亡以后，议金继起，是否仅以长史之地位得掌州事？抑其间尚有其他因缘，因成张、曹继世之局？又其时甘州回鹘雄张东道，于阗李氏虎踞西陲。瓜、沙曹氏处两大之间，无一战之力，而竟能绵历四祀，未遭覆灭。果操何术，而能致斯？说者于此俱未之及。

今证以莫高、榆林诸窟供养人像题名,则其中消息,似不难窥知也。关于曹氏与回鹘、于阗之关系,拟别为《瓜沙曹氏史事摭逸》一文述之,兹唯就前者而略论之。

张议潮妻宋氏,其兄议潭妻索氏,具见巴黎藏石室本《张氏勋德记》,及莫高窟 $\frac{C45}{P79}$ 又 $\frac{C300}{P17bis}$ 诸窟供养人像题名。而 $\frac{C5}{P1}$ 号窟窟内北壁一女供养人像题名作:

河西节度使张公夫人后敕授武威郡君太夫人阴氏一心供养

此窟女供养人像与 $\frac{C300}{P17bis}$ 号窟女供养人像衣饰形态俱相似,疑属同一时期,而武威郡君太夫人阴氏当是张淮深之妻也。$\frac{C75}{P117}$ 号窟窟主为曹元忠妻翟氏,窟内东壁门北女供养人像第七人为曹延禄妻于阗国天册皇帝第三女天公主李氏,第八人题名作:

故外母武威郡夫人阴氏一心供养

$\frac{C42}{P74}$ 号窟窟主为于阗国王,其后即曹议金女,题名作:

大朝大于阗国大政大明天册全封至孝皇帝天皇后曹氏

一心供养

$\frac{C75}{P117}$号窟窟内东壁门南女供养人像第三人，亦是议金女之出嫁于阗者，其题名与上举者全同。而$\frac{C42}{P74}$号窟窟内南壁女供养人像第三人题名作：

故□王母太夫人武威阴氏

$\frac{C75}{P117}$号窟之故外母，外下脱一字，$\frac{C42}{P74}$号窟之故□王母，故下一字漫漶；合二者而参观之，当俱是故外王母。而$\frac{C42}{P74}$号窟门洞北壁俱是男供养人像，其第一人题名结衔大部分尚可辨识，作：

故外王父前河西一十一州节度管内观察处置押蕃落支度营田等使金紫光禄大夫检校尚书□□□□□中缺授中缺万户侯赐紫金鱼袋上柱国下缺。

此皆是张氏节度河西时所带之官勋，曹氏未之有也。故所谓故外王母阴氏与$\frac{C5}{P1}$号窟之河西节度使张公夫人后敕授武威郡君太夫人阴氏当即为一人，而故外王父则即是张淮深。以曹议金子女所修之窟，而称张淮深夫妇为外王父、外王母，则议金应为淮深之婿。然议金妻今可考者凡三，一为甘州回鹘圣天可汗之女，所谓天公主陇西李氏者是也。一为钜鹿索氏，大约元德、元深即索出；一为广平宋氏，则元忠之生母也。就莫高、榆林诸窟供养人像题名考之，议金之妻尚未见有姓张者。唯淮深女亦可能为议金之母。使后一推测为不误，则淮深应为议金之外王父，其子女而称淮深为外王父，殊为不伦！然上举二窟之为议金子女所兴修确然无疑，而故外王父、外王母诸题名又至为清晰，何以彼此枘凿，殊为不解，议潮妻宋氏，议潭妻索氏，而议金妻亦为索、宋二氏。或者议金二妻俱与淮深为侄辈，以内亲之故，元忠等因相攀附，称之为外王父欤？顾即所知者而试论之，则曹、张二家之有婚姻关系，为无可疑之事，是以张氏败亡而后，议金以长史遂能继长州事，历四世百四十年而不坠也。

（四）在此所见到之敦煌写经

敦煌石室藏书菁华既为斯坦因、伯希和所捆载以去，其残余遂于宣统二年由清学部命甘省全部辇送北京，今国立北平图书馆之所藏者是也。然自敦煌至北京几近万里，是以沿途之遗失以及到京后为有力者之所劫取，往往而有。而自光绪二十五年五月二十五日藏书发现，以迄于三十三年斯坦因东来之间，自有不少流入达官贵人以及当地人士之手。斯坦因、伯希和搜括以后，益之以学部之收买，而遗存于千佛洞者为数仍复甚多，一部分封存于 $\frac{C146}{P160}$ 号窟内

二转经桶中，一部分为道士王元篆所隐匿。民三斯坦因重至敦煌，尚从王道士手中购去五百七十余卷，而二转经桶中之所藏者，亦于

民三前后散佚。民初张广建长甘，以石室写经为买官之券，民间所藏几为一空。民二十二任美锷先生漫游西北，至于敦煌。民二十五于英京晤任先生，话及此游，谓曾在敦煌一人家见到写经近二百卷。则敦煌私人所藏固未尽也。民二十七知敦煌县事某君于石室写经有特好，因此迭兴大狱，锁琅珰者不绝于途。匹夫无罪，怀璧其罪，此之谓也。自是而后敦煌人遂视此为祸水，凡藏有石室写经者，几无不讳莫如深，动色相告。余于三十一年十月抵敦，以之询人，辄不之应。三十二年二月以后，始辗转获见二十余卷。世变方殷，则此区区者将来或亦不免为有力者负之而趋，以致荡为云烟，化作劫灰！因于所见诸卷，凡稍有可取者，俱为略识数语，汇记篇末，庶几征文考献者有所稽焉。

敦煌人藏石室写经者，大都不愿告人，唯任子宜先生于此不甚隐讳。曾观其所藏，凡见写经六卷，残片三册。《大般若经》一卷是唐人写本。又长兴五年即后唐闵帝之应顺元年、废帝之清泰元年六月十五日三界寺比丘道真所书三界寺藏内经论目录一卷，首尾稍缺，长约三公尺半。道真有发愿文书于卷中，其辞曰：

> 长兴伍年岁次甲午六月十五日，弟子三界寺比丘道真，乃见当寺藏内经论部不全，遂乃启颡虔诚，誓发弘愿，谨于诸家函藏，寻访古坏经文收入寺，修补头尾，流传于世，光饰玄门，万代千秋，永充供养。愿使龙天八部，护卫神沙，梵释四王，永安莲塞。城隍泰乐，社稷延昌。府主大王常臻宝位。先亡姻眷，超腾会遇于龙花，见在宗枝，宠祐常沾于亲族。应有藏内经论，见为目录。

所著录者尚存一百四十八部。又梵夹式蝶装本一册，凡九十三叶，计收《菩提达磨南宗定是非论》、《南阳和上顿教解脱禅门直了性坛语》、《南宗顿教最上大乘坛经》及神秀门人净觉注《金刚般若波罗密多心经》，凡四种，只《定是非论》首缺一叶十二行，余俱完整。末有比丘光范跋云：

> 遗法比丘光范幸于末代获偶真诠。伏睹经意明明，兼认注文了了。授之滑汭，藏保筐箱，或一披寻，即喜顶荷。旋妄二执，潜晓三空，寔众法之源，乃诸佛之母。无价大宝，今喜遇之；苟自利而不济他，即滞理而成悋法。今即命工雕印，永冀流通。凡下缺约一叶。

光范《跋》缺一叶，不知仅刻《心经》一种，抑兼指前三者而言。任君所藏，当是五代或宋初传抄本，每半叶六行，尚是《宋藏》格式也。《南宗定是非论》，英、法藏本残阙之处可以此本补之。《南阳和上语录》首尾完整，北平图书馆藏一残卷。《六祖坛经》，可与英、法藏本互校。净觉注《心经》，首有行荆州荆原作全，误长史李知非序，从知此注作于开元十五年。净觉乃神秀门人，书为《大藏》久佚之籍，北宗渐教法门由此可窥一二。四者皆禅宗之重要史料也。其残片大都拾自莫高窟，为之熨贴整齐，装成三册，写本刊本不一而足。汉字残片外，回鹘、西夏以及西域古文纷然并陈。中有版画残片十余，其一作女供养人胡跪礼佛像，傍有曹氏吉祥姐牌子，当是五代瓜、沙曹氏之世所刊。线条无咸通九年王玠刊《金刚经》扉画之劲挺，而婉转圆润，殊为可喜。残片一段后有元泰定时题记，又其所藏《龙种上尊王佛印法经》残卷末有至正题记。因此二事，任君遂谓石室閟封，当在蒙古之世。此恐不然。不惟英、法与我所藏石室遗书无咸平以后片纸，即藏经窟外壁上所绘菩萨赴会像，亦的是宋人笔，与蒙古无涉。泰定题记后人赝作，有至正题记残卷，出自他窟，俱不足以为推测石室閟封之典据也。

又在他处见唐人书《大般若经》残卷一卷，《大涅槃经》残卷一卷。《无量寿宗要经》五卷，一卷有张良友写题记，北平图书馆亦有张氏所写者一卷。又五代人书《羯磨戒本》残卷一卷，《大乘稻竿经随听手镜记》残卷一卷。《手镜记》存七十余行，末有题记一行，作：

大番国沙州永康寺沙弥于卯年十二月廿五日写记归正

盖吐蕃据有沙州时之写本也。又残《道经》一卷，存七十余行，全录《上元金录简文真仙品》，凡十余段。字体与以前所见神泉观道士马处幽写诸经类似，开、天时写本也。又《采华造王上佛授决号妙华经》一卷，首尾完具，凡五十一行。卷中授作穟，臣作悉，俱武后所制新字，盖其时人书。原卷黄麻纸书，保存甚好。又天复二年翟奉达写《逆刺占》一卷，存二百九十六行，长四四一·七公分，首尾完具，仅卷中略有残损。纸背唐人书《诗毛氏文王之什诂训传》第廿三卷十六郑氏笺，存一百二十二行，卷首黏天成三年《具注历序》不全，一面为《历法立成》，只余数行。此与残《道经》等二种俱从张大千处见到。《逆刺占》藏敦煌邓秀峰处，三十二年归青海粮茶局局长韩某，装裱时将《逆刺占》褙去，亦一劫也。

《毛诗诂训传》当可补英、法所藏之阙佚。《旧唐书·经籍志》有《逆刺》三卷，题汉京房撰，与翟奉达所写者疑是一书，唯未分卷为稍异。书中文辞鄙俚，且时杂像教话语，只以其中涉及京房，《旧书》不察，遂题为京房撰；《新唐书·艺文志》著录《逆刺》三卷，不题撰人，庶几得之。《逆刺占》末翟奉达题云：

于时天复贰载岁在壬戌四月丁丑朔七日，河西燉煌郡州学上足子弟翟再温记。

姓名旁注曰："再温字奉达也。"后又有七言诗二首、五言诗一首，皆奉达作，末复题云：

年廿作，今年迈见此诗，羞煞人，羞煞人！

奉达为历学世家，至显德六年尚从事于撰历工作。天复二载年二十，显德六年已七十七，可谓耄而好学矣。敦煌某氏藏有后晋天福十年州学博士翟上寿昌张县令《寿昌县地境》一卷，閟不视人，求之二年，仅从窦萃五、吕少卿二先生处得见传抄本，据以录副。瓜、沙地志传世者无虑十余种，而首尾完整者寥寥无几，此其一也。所谓州学博士翟即翟奉达。关于《地境》大概，余别有《记敦煌石室出晋天福十年写本〈寿昌县地境〉》一文，兹不赘。三十二年三月复于敦煌邮局蔺君国栋处见唐人写《地志》残卷一，存一百六十行，长三公尺，首尾残缺。存陇右道、关内道、河东道、淮南道及岭南道，余阙如。每州识其属县，州则记其距京都里程、贡品、州及县之公廨本钱。旁复以朱笔记其等第。其中如河东道之石州本离石郡，天宝元年改为昌化郡，此本已作昌化，是在天宝元年以后。关内道之坊州，此本著录中部、鄘城、宜君三县，天宝十二载析宜君置升平，此本不见升平之名。又河东郡蒲州之桑泉，于天宝十三载改临晋，此仍作桑泉。就此诸证，可知其为天宝初年写本。其所载公廨本钱，以及州县名称，可以补正《元和志》及两《唐书·地理志》者甚多。唐初地志传世无几，则虽残篇断简，亦可宝也。纸背另书《占云气书》一卷，存《观云章》、《占气章》，彩图下附注释。卷末有图无文，盖写而未完者。《新唐书·艺文志》兵书类有《兵法云气杂占》一卷，不知是否即为此书。在此所见石室遗书二十余卷，仅禅宗史料四种，《逆刺占》、《毛诗诂训传》、《寿昌县地境》及此为稍惬心怀耳。

余旧有《敦煌别录》之辑，英、法所藏石室遗书，其零篇断简较为别致者，无论经史与夫里巷小说悉为收录，凡得百数十种。此行所录，亦十余种，辑成一册，署曰《敦煌余录》。劫余之余，聊以资他日之怀念而已！

河西一地，将来在经济上究能开发至何种程度，今日尚难预言。唯其在政治上以及经济上之地位，以之与汉、唐相较，初不因时代迁移，而失去其重要，此则可以断言者也。历史上历代在此进退消长之机，地理上河西一隅人地相应之故，时贤自有宏篇巨制为之推究阐明，若余之不学盖不足以语此。今之所述，大都琐屑微末，无当宏旨，所谓不贤识小，故曰《西征小记》云尔。

三十二年一月十六日至二十一日写初稿于莫高窟,三十三年重来敦煌,九月十七日至三十日在鸣沙山下重写一过。一九五〇年春以此稿付《国学季刊》,仍旧稿不加更改,存其真也。向达谨记。

(见《国学季刊》第七卷第一期页一一二四,一九五〇年七月出版。)

两关杂考

——瓜沙谈往之二

一 叙言

汉武帝通西域，于是列四郡据两关。两关者《汉书·西域传》所谓"东则接汉，阸以玉门、阳关"是也。据《汉书·地理志》，敦煌龙勒县有玉门、阳关，皆治以都尉，其地俱在今甘肃敦煌县境内。汉以来中国与西域之交通无不取道于此。唐人于役西陲者，尤喜以之入于吟咏。是故两关不仅在中外交通历史上有其地位，即在文学上亦弥足以增人伤离惜别之情。晋魏以后渐就湮废，遗址所在，久无定说。清光绪季叶，英国人斯坦因（Sir M.A.Stein）考古于我西陲，在敦煌北古长城废塞发见汉代简牍千余枚，经法国沙畹（E.Chavannes）及我国罗叔言与王静安先生先后为之刊布遗文，予以考释。[1]不仅汉代西陲史事因而重光，即汉玉门关故址亦

---

[1] 斯坦因所著有 *Serindia & Innermost Asia* 诸书。关于斯氏所获汉晋简牍之考释，法国沙畹著有 *Les Documents chinois decouverts par Aurel Stein dans les Sables duTurkestan oriental* 一书，我国罗叔言及王静安先生据以作《流沙坠简考释》，俱可参看。

复显于世，诚近代中国史学及考古学上一盛事也。余幸得读诸老先书，三十一年冬至三十二年夏又获旅居斯土。其间曾再游两关，驰驱于大漠之间，游心于千载以上，摩挲残垒，我思古人。归来以后，以见闻所及，与友朋讨论，证之前人所说，亦有未能尽合者。因以暇日略陈疑惑，以相商榷，朋辈讨论之辞附著于后。博雅君子有以教之，幸甚幸甚！

二　两关遗址

《汉书·地理志》谓玉门、阳关俱在敦煌郡龙勒县境内，龙勒至唐为寿昌县，隶沙州。据《太平寰宇记》卷一百五十三沙州条，寿昌在州西南一百五十里，伯希和、羽田亨合编《敦煌遗书》收巴黎藏石室本P.2691号残《沙州地志》及敦煌某氏藏晋天福十年州学翟博士写本《寿昌县地境》，[1]俱作去州东北一百二十里，友人夏君作铭谓《元和郡县志》寿昌县东至州一百五里，其里数又不同，案寿昌距沙州里数诸书无作一百五里者，《元和志》五字下必脱一十字，《寰宇记》多据《元和志》作一百五十里，不作一百五里，可证也。今敦煌西南一百四十里有小胏壤曰南湖，居民百余户，居地东北约三里有古城，东、西、北三面周垣犹存，相传即唐寿昌故城。罗叔言刊《鸣沙石室佚书》收巴黎藏石室本残《沙州都督府图经》及前举《寿昌县地境》，俱谓寿昌因县南十

---

[1] 敦煌石室本《寿昌县地境》卷末题云，"晋天福十一年乙巳岁六月九日州学博士翟上寿昌张县令《地境》一本"。原本今藏敦煌某氏。《地境》全文具见《记敦煌石室出晋天福十年写本〈寿昌县地境〉》一文，原刊于三十三年十二月国立北平图书馆出版之《图书季刊》新第五卷第四期。见本文集第四二九页至第四四二页。（即本书第四三九至四五三页。——编者注）

里寿昌海得名。今古城南约十里为大泽，南湖水源出于是，所谓寿昌海舍斯莫属，则泽北古城，即唐寿昌城故址，盖无可疑矣。《寿昌县地境》又谓有西寿昌城，在寿昌城西五里。案今南湖西北隅有地名古董滩，流沙壅塞，而版筑遗迹以及陶片遍地皆是，且时得古器物如玉器陶片古钱之属，其时代自汉以迄唐宋皆具。古董滩遗迹，迤逦而北以迄于南湖北面龙首山俗名红山口下，南北可三四里，东西流沙堙没，广阔不甚可考。自此而西或西北更无其他古城遗址，颇疑唐人书中之西寿昌城即在今古董滩一带也。残《沙州地志》亦著录西寿昌城，惟谓在县西二十五里，今古董滩西或西北既无古城遗址，则县西二十五里者或系县西北五里之讹误耳。

至于阳关故址，据《史记》卷一百二十三《大宛列传》正义引《括地志》，谓阳关在沙州寿昌县西六里，①《元和志》卷四十、《寰宇记》卷一百五十三及《舆地广记》卷十七俱同。《新唐书》卷四十三《地理志》记边州入四夷道第五安西入西域道云：

又一路自沙州寿昌县西十里至阳关故城。

---

① 《史记·大宛列传》正义引《括地志》原作："沙州西南玉门关，在沙州寿昌县西六里。"然同《传》正义又引《括地志》云："沙州龙勒山在县南百六十五里，玉门关在县西北百一十八里。"不应两歧。孙星衍因谓前引之寿昌县西六里之玉门关当是阳关之误。其说甚是，兹从之。

巴黎藏石室本又一残《沙州图经》亦纪及阳关，其文云：①

> 右在县西十里，今见毁坏，基迹见存。西通石门涧□□□□，在玉门关南，因号阳关。

是唐人记阳关故址距寿昌城道里有六里与十里二说。顾寿昌城西除今名古董滩之西寿昌城外，更无其他遗址，则所谓阳关故城，当即是西寿昌城。作书者或称之为阳关故城，或称之为西寿昌城，其实一也。夏君作铭曰，《畿辅丛书》本《元和志》云，魏尝于此置阳关县，因废疑称为阳关故城者谓阳关县之故城也，而县废已久，名称罕闻，故后人或就当地仍存在之寿昌城而称之为西寿昌。又按《晋书·地理志》，敦煌郡下龙勒与阳关并存，洪亮吉《补三国疆域志》遂以为立于曹魏，而不始于元魏，未知孰是。达按阳关县之置当即由于阳关，而县治或即在阳关故址，残《沙州图经》文可为证明也。里程所纪参差，则或由计算起点微异，因有出入耳。今自此出红山口，西北行过水尾入碛，一百四十里至小方盘，是为汉玉门关故址；西行经安南坝诸地以至于婼羌，则汉唐以来之南道也。红山口两山中合，一水北流，往来于两关者，在所必经，阳关适在口内，可以控制西北两路。口西山峰上一汉墩翼然高耸，自敦煌赴南湖未至四十里，即见此墩。阳关设于口内，而以此墩为其眼目，盖可想而知也。

玉门关亦在龙勒县界。沙畹及王静安先生据斯坦因所得简牍，

---

① 巴黎藏又一石室本残《沙州图经》，不见各家著录。友人王君重民始发见此卷，残破殊甚。本文所引俱据王君所寄照片。

谓斯氏地图上东经九十四度稍西、北纬四十度三十分稍南之古城地图上记号作TXIV（《流沙坠简》作敦十四）者，即汉玉门关故址。此东经九十四度稍西、北纬四十度三十分稍南之古城，今名小方盘。斯氏所得汉代玉门都尉诸版籍皆出于此。汉玉门、阳关治以都尉，则小方盘之即汉代玉门关故址，可以无疑。《史记·大宛列传》正义引《括地志》谓玉门关在汉龙勒县西北一百一十八里，《元和志》、《寰宇记》、《舆地广记》俱承其说。巴黎藏石室本残《沙州都督府图经》及《寿昌县地境》谓在寿昌北一百六十里，所记各异。今自南湖出红山口，西北行过水尾入碛，经卷槽，芦草井子以至小方盘，为程约百四十里，与唐代之一百六十里不甚相远，方位亦近。疑《括地志》所纪为别道也。巴黎藏石室本又一残《沙州图经》亦纪及玉门关，其下文字全泐，唯存"周回一百廿步，高三丈"诸语，所纪为玉门关城垣之周回及高度。今小方盘城垣尚完整，俱属版筑，北西二面有门。城为正方形，每面约长三十公尺，高约十公尺。疑残《沙州图经》所云之步，乃步测之步，非计里开方之步也。今一步约合一公尺，一百二十公尺与一百二十步，大致相合。是亦可为小方盘即古玉门关故城之一证也。

自阳关至玉门关，两关之间无长城遗址，唯每隔十里即有一墩，自水尾北迤逦不绝以至于小方盘南。墩作六棱形，构以土墼，每三层间以芦苇一层，与小方盘附近所见诸汉墩同。以西皆是长碛，敌骑入侵，殊为不易。汉代之所以于此仅置烽燧以为戍逻者，其故或在斯欤？斯坦因考古敦煌，自红山口西北行过水尾至卷槽，即取西北向至俗称为南大湖、西湖一带，未自卷槽直趋小方盘。故其地图只记小方盘南及红山口西北数墩，自小方盘南至卷槽，为程约八十里，阙略尚多也。①

又案陶保廉《辛卯侍行记》卷五汉玉门、阳关路所记北道云：

北道出敦煌西门，渡党河，西北行戈壁，七十里碱泉，五十里大泉。四十里大方盘城，废垣无人，汉玉门关故地也。四十里小方盘城。废垣高丈余，长四五十丈，无居民。

陶氏以大方盘城为即汉玉门关故地。当时汉简尚未复显，陶氏失考，未可深责。静安先生《流沙坠简·序》以东经九十四度稍西之古城为即陶氏之大方盘城。盖涉陶氏之说而误。不知斯氏地图上TXIV所谓汉玉门故关者，乃陶氏之小方盘城，大方盘城尚在其东四十里也。静安先生所以致误之故，夏君作铭谓由于先生著书时，未及见斯坦因之 Serindia 及 Innermost Asia 二书所附地图，仅据斯氏著行纪（Ruins of Desert Cathay）后附略图摹绘，漏略甚多，致有此失。夏君之言是也。斯氏详图东经九十三度五十四分左右、北纬四十度二十二分一古城遗址图上注明为古玉门关者是为小方盘城，大方盘城尚在其东，正当东经九十四度、北纬四十度二十五分处，斯氏详图注曰古代仓库。至于东经九十三度三十分处，斯氏并未发现古城，亦未见录于地图。静安先生所云出于误会，可

---

① 参看 M.A.Stein, *Innermost Asia*, vol.III 后附地图，及同书附地图三十五、三十八、三十九诸幅。

以不论。①

三　太初二年以前玉门关在敦煌以东说质疑

汉武帝使张骞凿空通西域以后，遂开河西四郡，太初元年（公元前一〇四年）复命贰师将军李广利将兵伐大宛，《史记·大宛列传》纪此云：

> 拜李广利为贰师将军，发属国六千骑及郡国恶少年数万人以往伐宛。期至贰师城取善马，故号贰师将军……是岁太初元年也。……引兵而还，往来二岁，还至敦煌，士不过什一二。使使上书，言道远，多乏食。且士卒不患战患饥，人少不足以拔宛。愿且罢兵益发而复往。天子闻之

---

① 王静安先生《流沙坠简·序》曰："近秀水陶氏《辛卯侍行记》记汉玉门、阳关道路，谓自敦煌西北行百六十里之大方盘城为汉玉门关故地。又谓其西七十里有地名西湖，有边墙遗址及烽墩数十所。斯氏亦于此发见关城二所，一在东经九十四度以西之小盐湖，一在东经九十三度三十分，相距二十余分，与大方盘城及西湖相去七十里之说相近。然则当九十四度稍西者殆即陶《记》之大方盘城，当九十三度三十分者殆即陶氏所谓西湖耶？沙畹博士疑九十四度稍西之废址为太初以前之玉门关，而在其西者乃其后徙处。余谓太初以前玉门关当在酒泉郡玉门县。如在东经九十四度、北纬四十度间，则仍在敦煌西北，与《史记·大宛传》文不合。……当九十四度稍西之废址实为太初以后之玉门关，而当九十三度三十分者，当为玉门以西之他障塞"云云。案汉玉门关故址在今小方盘城。大方盘城，斯坦因据其所得石室本《敦煌录》，谓古名河仓城。石室本《沙州都督府图经》及残《沙州地志》俱有河仓城之名，其距沙州道里，《寰宇记》及石室本《沙州都督府图经》作二百四十二里，巴黎藏石室本残《沙州地志》作二百四十里，石室本《敦煌录》作二百三十里。今自敦煌西北行七十里硷泉子，四十里人头疙瘩，五十里大方盘，共一百六十里，与《辛卯侍行记》所记同。又一道自敦煌九十里至小塘，七十里至人头疙瘩，五十里至大方盘，同二百一十里，唐代沙州城在今敦煌城东南约十五里之佛爷庙，故取又一道至大方盘约为二百二十余里，与唐宋故书记载相近。是亦可为大方盘即河仓城之一证也。

大怒，而使使遮玉门曰，"军有敢入者辄斩之"。贰师恐，因留敦煌。

《汉书》卷六十一《李广利传》文与《史记》同，唯"而使使遮玉门曰"作"而使使遮玉门关曰"，增一关字，沙畹据《史记·大宛列传》文，因在其所著《斯坦因在东土耳其斯坦沙漠所获中国文书考释》（Les documents chinois decouverts par Aurel Stein dans les sables du Turkestan oriental）一书《序论》第六至第七主张汉武帝太初以前之玉门关应在敦煌之东，是以武帝使使遮玉门，贰师将军乃留敦煌，不敢东向以入关也，敦煌西北之玉门关，则是太初以后所改置者。王静安先生《流沙坠简·序》亦赞成沙畹之说。三十年来言玉门关者，大都奉二先生之论无异辞。夏君作铭都送疑难，以为汉代玉门一关并无改置之事，细案《史》、《汉》文字，验之新近发见之汉简，夏君致疑不为无见，因考故书，申成其说如次。

汉武帝元狩二年（公元前一二一年）匈奴浑邪休屠王降汉以后，汉始夷河西为郡县，建置河西四郡。据《汉书》卷六《武帝纪》，武威、酒泉二郡之置即在元狩二年，元鼎六年（公元前一一一年）乃分武威、酒泉地置张掖、敦煌郡。《汉书》卷二十八《地理志》则谓张掖、酒泉二郡之置俱在太初元年，武威在太初四年，敦煌在后元元年（公元前八八年），与《本纪》异。依《地理志》，四郡之开，与贰师西征盖相先后。然《史记》卷一百十《匈奴列传》云：

乌维单于立十岁而死，子乌师庐立为单于，年少，号为儿单于。是岁元封六年（公元前一〇五年）也。自此之后，单于益西北，左方兵直云中，右方直酒泉、敦煌郡。

又《汉书》卷六十六《刘屈氂传》记征和二年（公元前九一年）巫蛊事，有云：

> 诸太子宾客尝出入宫门皆坐诛；其随太子发兵以反，法族；吏士劫略者皆徙敦煌郡。

《史》、《汉》所纪，皆在后元元年前若干年，其时敦煌已称郡矣。故河西四郡建置年岁，《本纪》所志疑得其实，不必待至贰师伐大宛始开边设郡也。清儒以及近代学人讨论四郡建置之文甚多，大多未从《本纪》，读者可以一一覆按，兹不赘。[1]

《史记·大宛列传》又纪赵破奴、王恢击破楼兰事，文云：

> 于是天子以故遣从骠侯破奴将属国骑及郡兵数万至匈河水，欲以击胡，胡皆去。其明年击姑师。破奴与轻骑七百余先至，虏楼兰王，遂破姑师。因举兵威以困乌孙、大宛之属。还封破奴为浞野侯。王恢数使，为楼兰所苦，言天子。天子发兵，令恢佐破奴击破之。封恢为浩侯。于是酒泉列亭鄣至玉门矣。《汉书·楼兰传》作"于是汉列亭鄣至玉门矣"。

---

[1] 关于河西四郡建置先后诸家考证之说，可参看劳榦《居延汉简考释》考证之部卷一。

据《汉书·景武昭宣元成功臣表》，赵破奴之封浞野侯在元封三年，王恢封浩侯在元封四年正月甲申，以故中郎将将兵捕得车师王侯。自是自酒泉至玉门始列亭鄣。此皆在太初二年以前。河西郡县之建置完成于元鼎六年，而酒泉至玉门列亭鄣即在元封三、四年之间，政治军事盖几于同时并进矣。如依沙畹、王静安二先生说，此处所云之玉门亦当在敦煌以东，今玉门县附近。然《汉书·地理志》敦煌郡效穀县下班氏本注云：

> 本鱼泽障也。桑钦说：孝武元封六年，济南崔不意为鱼泽尉，教力田。以勤效得穀，因立为县名。

鱼泽尉，石室本残《沙州都督府图经》作鱼泽都尉。依桑钦说，鱼泽障之立，最迟亦当在元封六年，与《史记·大宛列传》所纪合。如太初二年以前之玉门关在敦煌以东今玉门县附近，而《史记·大宛列传》所云自酒泉列亭鄣至玉门一语，为指敦煌以东之玉门关而言，则班氏本注引桑钦说元封六年崔不意为鱼泽障都尉之辞，将无从索解矣。

又太初三年贰师将军二次伐大宛，四年斩其王而还。贰师之行也。汉以李陵将五校尉随后行，军正任文则将兵屯玉门关，为贰师将军后距。李陵事见《汉书》卷五十四《李陵传》，任文事见《汉书》卷九十六《西域传·楼兰传》。《楼兰传》云：

> 楼兰既降服贡献，匈奴间发兵击之。于是楼兰遣一子质匈奴，一子质汉。后贰师将军击大宛，匈奴欲遮之，贰

师兵盛不敢当。即遣骑因楼兰候汉师后过者，欲绝勿通。时汉军正任文将兵屯玉门关，为贰师后距，捕得生口，知状以闻。上诏文便道引兵捕楼兰王，将诣阙，薄责。王对曰，"小国在大国间，不两属无以自安，愿徙国入居汉地"。上直其言，遣归国。亦因使候伺匈奴。匈奴自是不甚亲信楼兰。

如任文所屯之玉门关在敦煌以东今玉门县附近，则自此至楼兰为程二千余里，岂得云便道？又自敦煌以东并属汉地，匈奴生口岂能自投敌境，束手受缚，以泄其欲遮击汉使之状？唯以任文所屯之玉门关在今敦煌西北小方盘地，逻骑入碛游弋，是以截断匈奴与楼兰之往来，故能捕得往还于匈奴、楼兰之生口也。

说者又曰："即令任文所屯之玉门关为在今敦煌西北，亦无害于太初二年以前玉门关在敦煌以东之说也。玉门关之西迁，或者即在太初三年贰师将军二次伐大宛之时，故任文得而屯之耳。"案之史文，亦有不然。《汉书·武帝纪》太初三年下云：

> 夏四月遣光禄勋徐自为筑五原塞外列城，西北至卢朐，游击将军韩说将兵屯之。强弩都尉路博德筑居延。秋，匈奴入定襄、云中，杀略数千人，行坏光禄诸亭障。又入张掖，酒泉。杀都尉。

《史记·匈奴传》纪此云：

其秋，匈奴大入定襄、云中，杀略数千人，败数二千石而去，行破坏光禄所筑城列亭鄣。又使右贤王入酒泉、张掖，略数千人。会任文击救，尽复失所得而去。

《史记·大宛列传》述居延、休屠诸塞之筑云：

益发戍甲卒十八万。酒泉、张掖北置居延、休屠，以卫酒泉，而发天下七科適及载糒给贰师，转车人徒相连属至敦煌。

盖太初三年贰师将军二次伐大宛，汉因筑五原塞外列城至卢朐，并筑居延、休屠诸塞，以固张掖、酒泉北边，保持通西域门户。匈奴之于是年秋大入定襄、云中，张掖、酒泉，坏光禄诸亭鄣，正为破坏汉武帝防边之策。不谓挫败于任文之击救。以在张掖、酒泉之攻略未成，匈奴乃转而谋因楼兰以绝汉师后过者，又以任文之进屯玉门关，引兵捕楼兰王，而完全失败。此为太初三年贰师将军二次伐大宛，汉与匈奴在河西诸郡攻守之形势，据《史》、《汉》之文可以推知者也。（《通鉴》卷二十一孝武纪叙任文击救张掖、酒泉在太初三年，进屯玉门关在太初四年，与原所说合）若云玉门关之西迁即在是时，则光禄诸亭障以及居延、休屠诸塞之筑，班氏以及史公尚为之大书特书，而谓于玉门关之迁徙，其重要倍蓰于张掖、酒泉北诸郡塞者，反不著一字，马、班虽疏，恐亦不至如是之甚也！

河西列四郡，为时俱在太初以前。《史记·大宛列传》使使遮玉门一语，其玉门当即指玉门县而言。太初二年贰师将军自大宛败归，已入玉门关抵敦煌，将自此东归酒泉。汉玉门县在今玉门县属赤金附近，适扼入酒泉之要道，故武帝使使遮之，使不得入酒泉耳。《后汉书》卷七十七《班超传》纪超以久在绝域，年老思土，上疏乞归，有云："不敢望到酒泉郡，但愿生入玉门关。"此二语正可作《史记·大宛列传》注脚。《汉书》于玉门下增一关字，恐有未谛。

敦煌为通西域门户，汉有事于西域，皆于敦煌集结士卒，屯积粮糒，然后出发。贰师将军两次伐大宛，即可为此说证明。匈奴欲绝汉通西域之道，必西击鄯善，东攻敦煌。汉欲救西域屯戍，亦以发敦煌兵为最近且便。敦煌之形势如斯，故汉于元鼎六年析酒泉另置敦煌郡也。石室本《寿昌县地境》玉门关下注云：

汉武帝元鼎九年置，并有都尉。

《地境》以玉门关之置在元鼎九年。然元鼎无九年，《地境》传写，或有讹误。三十二年十一月，西北科学考察团历史考古组夏作铭、阎文儒二君在敦煌西北斯坦因地图上TX Ⅶ处，发见汉简数十枚，其中一枚，存字两行，首作酒泉玉门都尉云云。玉门都尉隶于酒泉，是玉门关之建置，尚在敦煌未自酒泉析出开郡以前。敦煌未开郡时之玉门都尉版籍既发见于敦煌西北玉门关故址附近，则太初以前玉门关并未在敦煌以东，因有此新发见而更无可疑矣。元鼎六年河西四郡先后建置葳事；元封时自酒泉至玉门列亭鄣；太初三年复增筑张掖、酒泉以北诸鄣塞。政治上军事上之建置既次第告竣，而后贰师将军二次伐大宛遂无后顾之忧。太初四年贰师凯旋归来，西域城郭诸国相率慑服，故汉乃进一步经营西域。《汉书·西域传》所云："于是自敦煌西至盐泽，往往起亭"之语，盖谓自是以后，自敦煌西至盐泽亦列亭鄣，如元封时酒泉至玉门之所为耳。静安先生乃据此以为敦煌西北之玉门关置于太初四年贰师将军二次伐大宛归来以后之证，盖未深考也。①

四　六朝以迄隋唐之玉门关

汉代玉门关，自始置以至终汉之世俱在敦煌。唯至隋唐，则玉门关已徙至敦煌以东瓜州之晋昌县境。隋炀帝大业七年西突厥处罗可汗为射匮所败，走高昌，炀帝因遣裴矩将处罗可汗母向氏往谕之。《隋书》卷八十四《西突厥传》云：

> 处罗大败，弃妻子，将左右数千骑东走，在路又被劫掠，适于高昌，东保时罗漫山。高昌王麴伯雅上状。帝遣裴矩将向氏亲要左右驰至玉门关晋昌城。矩遣向氏使诣处罗所，论朝廷弘养之义，丁宁晓谕之，遂入朝。

《元和志》卷四十瓜州晋昌县云：

> 玉门关在县东二十步。

《隋书》亦云玉门关晋昌城，是自长安西去，必先至玉门关而

---

① 亦见《流沙坠简·序》。

后抵晋昌，与《元和志》所记合。《元和志》县东二十步一语，清王琦注《李太白集·胡无人》诗引《志》作二十里，疑通行本《元和志》或有讹误也。隋于玉门关并置有关官。《隋书》卷二十九《地理志》敦煌郡常乐县下注云：

> 后魏置常乐郡。后周并凉兴、大至、冥安、闰泉合为凉兴县。开皇初郡废，县改为常乐。有关官。

据《隋书》卷二十八《百官志》关置令丞，上关令、中关令为从八品，下关令、上关丞、中关丞为从九品。唐制略同。隋常乐县属瓜州，唐于敦煌置沙州，别于晋昌郡置瓜州，治晋昌，即在隋常乐县，而于旧广至则立常乐县。隋常乐有关官，其治所为玉门关无疑也。

唐贞观初玄奘法师西行，亦取道瓜州之玉门关出伊吾以至西域。慧立《大慈恩寺三藏法师传》卷一纪法师过凉州至瓜州出玉门关云：

> 乃昼伏夜行，遂至瓜州。时刺史独孤达闻法师至甚欢喜，供事殷厚。法师因访西路。或有报云：从此北行五十余里有瓠𬞟河，下广上狭，洄波甚急，深不可渡。上置玉门关，路必由之，即西境之襟喉也。关外西北又有五烽，候望者居之，各相去百里，中无水草。五烽之外即莫贺延碛，伊吾国境。

《传》云玉门关在瓜州北，出关西北行过五烽凡五百里，即入莫贺延碛伊吾国境。唐冥详《大唐故三藏玄奘法师行状》则谓五烽在玉门关西。①唐瓜州治晋昌县，今人考证谓约在今安西县双塔堡附近。瓠𫘦河，冥详《行状》作胡卢河，即今窟窿河，经乱山子以入疏勒河。②私意以为唐瓜州治晋昌县当即俗称为锁阳城之苦峪城，③玉门关则在其北。据岑嘉州《玉门关盖将军歌》，唐时守关戍卒数达五

---

① 冥详《大唐故三藏玄奘法师行状》见日本《大正新修大藏经》第五十卷《史传部》二页二一四至二二〇。
② 参看《辛卯侍行记》卷五。
③《乾隆重修肃州新志·柳沟全册》中《古迹》记苦峪城东半里有故刹遗址，断碑没草莱中，《志》唐朝断碑条云："在寺基内。字画不甚剥落，一面逼真唐体，虽未为唐人之极佳者，而断非唐后之书。因首尾残缺，仅存中段，文义不能联贯。而总系大中时复河湟，张义潮归唐授爵，大兴屯垦，水利疏通，荷锸如云，百亿京坻称功颂德等语。其一面字体流入五代宋初，文意与前大略相仿，似颂曹义金之语。夫张、曹二公本治沙州，而瓜州亦准兼统。此处总系瓜州地方，但当日此处地名，碑文缺落无考。"乾隆初常钧著《敦煌杂抄》卷下苦峪城条亦著录苦峪城断碑，文字与《肃州新志》同，当同出于采访册。《西域水道记》卷三及此，则以承《肃州新志》之旧。唯张义潮于大中初收复瓜沙以及伊州，咸通二年收复凉州，咸通八年即觐长安。十余年间戎马驰驱，曾未少息，诸书亦未有言义潮在瓜州境内兴复水利大事屯垦者。则苦峪城断碑不一定为颂扬义潮功德之作也。案《旧唐书》卷一百三《张守珪传》（《新唐书》卷一百三十三《张守珪传》文略同）云："（开元）十五年吐蕃寇陷瓜州，王君㚟死，河西悯惧。以守珪为瓜州刺史墨离军使。领馀众修筑州城，板堞才立，贼又暴至城下。城中人相顾失色，虽相率登陴，略无守御之意。守珪曰：彼众我寡，又创痍之后，不可以矢石相持，须以权道制之也。乃于城上置酒作乐，以会将士。贼疑城中有备，竟不敢攻城而退，守珪纵兵击败之。于是修复廨宇，收合流亡，皆复旧业。守珪以战功加银青光禄大夫。仍以瓜州为都督府，以守珪为都督。瓜州地多沙碛，不宜稼穑，每年少雨，以雪水溉田。至是渠堰尽为贼所毁，既地少林木，难为修葺。守珪设祭祈祷，经宿而山水暴至，大漂材木，塞涧而流，直至城下。守珪使取充堰，于是水道复旧。州人刻石以纪其事。"张守珪在瓜州兴复水利重整屯垦之举，与苦峪城断碑所纪颇相仿佛，则此残碑者或即史书所纪之州人纪事之刻石耳。故疑世称为锁阳城之苦峪城即唐代之瓜州故址也。

千，规模之大可想而知。①唯今双塔堡、乱山子一带仅余古烽墩二、其他遗迹悉化云烟，关址所在，疑莫能决也！

隋唐时代之玉门关关址应无所更动。惟《元和志》谓关在州东，《慈恩传》谓在州北；奘师自瓜州抵玉门关后，经五烽涉大碛以达伊吾。五烽，《传》谓在关西北；《状》则谓在关西，《传》、《状》互异，未知孰是。斯坦因据《慈恩传》，因谓奘师至伊吾，所取者即沿今安西经星星峡以至哈密之大道，其言甚辨。②唯斯氏不

---

① 《岑嘉州诗集》卷二《玉门关盖将军歌》有云："玉门关城迥且孤，黄沙万里百草枯。南邻犬戎北接胡，将军到来备不虞。五千甲兵胆力粗，军中无事且欢娱。"唐时之玉门关屯兵五千人，其规模可想而知矣。盖将军为盖庭伦非盖嘉运，说见《清华学报》第八卷第二期闻一多先生《岑嘉州系年考证》肃宗至德元载四十二岁条。
② 斯坦因考奘师自瓜州至伊吾行程，具见其所著 Serindia, vol III pp.1097、1099、1142、1147。案唐释道宣《释迦方志》卷上《遗迹篇》第四记自唐至印度凡有东道、中道、北道之别。其东道取鄯州入吐蕃以至北印尼婆罗国。中道则"从鄯州东川行百余里，又北出六百余里至凉州。……从凉州西而少北四百七十里至甘州。又西四百里至肃州。又西少北七千（一本作十，疑俱有误）五里至故玉门关，关在南北山间。又西减四百里至瓜州。又（一本无又字）西南入碛三百余里至沙州。又西南入碛七百余里至纳缚波故国，即娄兰地，亦名鄯善"。此所谓中道，约略相当于汉以来之南道。唯自肃州至玉门关，自玉门关至瓜州道里，揆之诸书无一相合者，传讹致误，亦无从校正也。"其北道入印度者，从京师西北行三千三百余里至瓜州。又西北三百余里至莫贺延碛口。又西北八百余里出碛至柔远县。又西南百六十里至伊州。"清乾隆时常钧著《敦煌随笔》卷上哈密条记自嘉峪关以外取道哈密凡有三途，其第三道由安西之白墩子、小红柳园、大泉经马莲井子、博罗砖井、白石头、镜儿泉、北苦水、塔尔纳沁、黄芦冈，以达于哈密，计程八百一十里。夏君作铭谓道宣所云之北道与常钧书之第三道约略相当，由马莲井子至塔尔纳沁，然后西南至哈密。《辛卯侍行记》谓唐柔远即今之沁城（塔尔纳沁），两者所记正相符合。道宣北道较之奘师行程似乎稍北云云。夏君之言甚是。道宣所记盖即六朝以来之伊吾路也。明李日华《六研斋笔记》卷二有《西域僧锁喃囔结传》，谓锁喃囔结自高昌东行三千里过沙河至五烽，烽各有王云云。其所云路似《慈恩传》，而错乱不可究诘，述玉门关，且迳取《慈恩传》语。疑此是李氏故弄狡狯，虚构此僧，复刺取故书以相渲染。小说家言，不可据为典要也。

知唐代瓜州治晋昌县在今安西县东，必以今安西西南七十里之瓜州故城为即唐代瓜州治所，则不无千虑之失耳。

至于汉以来原在敦煌西北之玉门关，何时始迁至敦煌以东瓜州境内，史无明文，不甚可考。惟按《三国志·魏志》十六《仓慈传》云：

> 仓慈……太和中迁敦煌太守。郡在西陲，以丧乱隔绝，旷无太守二十岁。

自太和中上推二十年，当汉献帝建安十五年十六年之际，其时马超败走凉州，陇右氐、羌继叛。延康元年（公元二二〇年）酒泉、张掖复大乱。敦煌太守马艾卒官，府又无丞，郡人遂推功曹张恭推行长史事。中枢失政，边陲云扰，西域因而阻隔。黄初三年（公元二二二年）鄯善、龟兹、于阗王来献，西域复通，因置戊己校尉，即拜行敦煌长史张恭为西域戊己校尉。[1]典午继起，敦煌以僻在边裔，仍多篡乱。《晋书》卷三《武帝纪》咸宁二年二月甲午下云：

> 初敦煌太守尹璩卒，州以敦煌令梁澄领太守事。议郎令狐丰废澄自领郡事。丰死，弟宏代之。至是凉州刺史杨欣斩宏，传首洛阳。

---

[1] 关于建安十五、六年陇右羌、氐之乱，可参看《三国志·魏志》卷三十注引鱼豢《魏略·西戎传》，延康初酒泉、张掖之乱可参看《魏志》卷二文帝延康元年五月条，又卷十八《阎温传》。戊己校尉之置在黄初三年，见《魏志》卷二，又卷十八《阎温传》附《张恭传》。

唯其时地方虽多变乱，边防似未尽废弛。伦敦藏石室本S.5448《敦煌录》有云：①

河仓城，州西北二百三十里，古时军储在彼。

《太平寰宇记》卷一百五十三沙州四至八到云：

西北至河仓烽二百四十二里，与废寿昌县分界。

此所谓河仓烽即《敦煌录》之河仓城，以今地考之，即在古玉门关故址之小方盘城东四十里，俗名为大方盘城者是也。三十二年十一月夏作铭、阎文儒二君于大方盘城东面土台内掘得晋泰始十一年石碣一，石刻文曰：

泰始十一年二月廿七日甲辰造　乐生

晋武帝泰始只十年，十一年乃咸宁元年（公元二七五年）。其时敦煌正令狐氏窃据一隅，又以与中枢迥隔，是以改元逾岁，而石刻犹作泰始也。"泰始十一年二月廿七日甲辰造"，当是指河仓城之建置而言。泰始十一年筑河仓城既蒇事，因立石以纪之耳。乐生为何

---

① 石室本《敦煌录》全文收入《大正新修大藏经》第五十卷《史传部》。

人,无可考。①泰始十一年上距黄初三年凡五十三载,犹从事于筑河仓城以为屯积军储之需,则玉门关之尚未废弃,经营西域仍自未懈,可以推知也。其后五凉鼎沸,四郡鱼烂,割据独立,有如弈棋。然自前凉以至后凉,时有西征之举。前凉张骏曾以兵力慑服西域,以敦煌、晋昌、高昌、西域都护、戊己校尉、玉门大护军三郡三营为沙州。②晋孝武帝太元七年(公元三八二年)苻坚遣吕光伐龟兹,龟兹即平,坚以光为使持节散骑常侍都督玉门已西诸军事安西将军西域校尉。太元十年(公元三八五年)光据姑臧,又以其子覆为使持节镇西将军都督玉门已西诸军事西域大都护,镇高昌③。西域校尉,当即指戊己校尉而言。而西域都护、戊己校尉、玉门护军三营,疑俱承魏晋之旧而加以恢弘扩大耳。

---

① 案乐生为何人,不可考。《魏书》卷七《高祖纪》记有延兴三年"七月乙亥蠕蠕寇敦煌,镇将乐洛生击破之,事具《蠕蠕传》"之文。然今本《魏书》卷一百三《蠕蠕传》并无延兴三年七月敦煌镇将乐洛生破蠕蠕事,致乐洛生事迹遂无可考。《魏书》之乐洛生与石碣上之乐生是否一人? 所谓泰始,究为晋武帝年号,抑南朝宋明帝之年号? 如为晋武帝,则与北魏高祖孝文皇帝相去二百年,石碣上之乐生与为敦煌镇将之乐洛生自属二人。如为宋明帝,则乐生或即乐洛生。唯以北魏之镇将而遥奉南朝之正朔,此亦事之不可解者也。又碣作泰始十一年二月廿七日甲辰,泰始十一年如为晋武帝年号,是为咸宁元年,据《二十史朔闰表》是年二月丁亥朔,二十七日癸丑。如为宋明帝年号,十一年乃后废帝元徽三年,二月丙申朔,二十七日壬戌。两都不合。岂以边陲与中原阻隔,历日遂有参差耶?
② 《魏书》卷九十九《张骏传》:"分武威、武兴、西平、张掖、酒泉、建康、西海、西郡、湟河、晋兴、广武十一郡为凉州,以长子重华为刺史。金兴、晋城、武始、南安、永晋、大夏、武城、汉中八郡为河州,以其行戎校尉张瑾为刺史。敦煌、晋昌、高昌、西域都护、戊己校尉、玉门大护军三郡三营为沙州,以西胡校尉杨宣为刺史。"
③ 《晋书》卷百二十二《载记》二十二《吕光载记》:"坚闻光平西域,以为使持节散骑常侍都督玉门已西诸军事,安西将军,西域校尉。"又曰:"光以子覆为使持节镇西将军都督玉门已西诸军事,西域大都护,镇高昌。"

玉门关之东徙与伊吾路之开通当有关系。《周书》卷五十四《高昌传》末云：

自敦煌向其国多沙碛，道里不可准记，唯以人畜骸骨及驼马粪为验。又有魍魉怪异。故商旅来往，多取伊吾路云。

又《北史》卷九十七《高昌传》云：

自敦煌向其国多沙碛，茫然无有蹊径。欲往者寻其人畜骸骨而去。路中或闻歌哭声，行人寻之，多致亡失。盖魑魅魍魉也。故商客往来多取伊吾路。

据此是伊吾路之开通盖始于六朝也。《晋书》卷一百二十二《吕光载记》纪太元十年光自龟兹东归：

苻坚高昌太守杨翰说其凉州刺史梁熙距守高梧、伊吾二关，熙不从。……及至玉门，梁熙传檄责光，擅命还师，遣子胤与振威姚皓、别驾卫翰率众五万距光于酒泉。

杨翰劝梁熙守高梧、伊吾二关，二关今地无可考。然既以伊吾名关，必在伊吾，则吕光东归或已取伊吾路矣。又《晋书》卷八十七《凉武昭王李暠传》纪暠于庚子元年（晋安帝隆安四年，公元四〇〇年）。

又遣宋繇东伐凉兴,并击玉门已西诸城皆下之。遂屯玉门、阳关,广田积谷,为东伐之资。

此处之玉门已西以及屯玉门、阳关诸语中之玉门,皆当指玉门关而言,且疑已在敦煌以东。而都督玉门以西诸军事,以及玉门大护军营屯戍之所,亦当求之于唐代瓜州境内,而不尽如静安先生所云在敦煌西北之玉门关。玉门关之东徙,或者即在典午末叶,五凉鼎盛,伊吾路开通之际,亦未可知也。①

---

① 王静安先生《流沙坠简·序》云:"至前凉时西域长史之官始见于史。而《魏书·张骏传》则又称为西域都护。《传》言骏分敦煌、晋昌、高昌三郡西域都护、戊己校尉、玉门大护军三营为沙州,以西胡校尉杨宣为刺史。案张骏时西域有长史无都护,都护二字必长史之误,或以其职掌相同而互称之。斯氏于此地所得一简云:今遣大侯究犁与牛诣营下受试。称长史所居为营下。又斯氏于尼雅北古城所得木简有西域长史营写鸿胪书语,此又《魏书·张骏传》之三营其一当为西域长史之证也。此三营者戊己校尉屯高昌,玉门大护军屯玉门,而西域长史则屯海头,以成鼎足之势。则自魏晋讫凉,海头为西域重地,盖不待言。"静安先生《序》认张骏时玉门关尚在敦煌西北,于其东徙不置一辞。夏君作铭云:"《晋书·凉武昭王传》云:隆安四年暠遣宋繇东伐凉兴,并击玉门以西诸城,皆下之。遂屯玉门、阳关,广田积谷,为东伐之资。似玉门关时已东移。玉门与阳关并列,当为关名无疑。汉时之玉门关在沙碛中,不能广行屯田。其时暠初僭号,未得酒泉,凉兴郡乃段业分敦煌之凉兴、乌泽,晋昌之宜禾三县而成。似玉门在晋昌宜禾县之东酒泉之西,或即在唐时之瓜州境内欤?其所指之玉门,乃在敦煌之东,不独就其文句在东伐之下可证,且若指伐西域而言,则'玉门以西诸城'一语范围过泛。又下文暠自述功业谓前遣母弟繇董率云骑,东殄不庭,军之所至,莫不宾下。未提及有西征之举,亦可为旁证。疑此时以前玉门关便已东移,但敦煌西北之玉门关仍保存其旧名,关废名存,诸书记载,因生混淆耳。"夏君之言如此,因并著之。

案:此文初稿成于三十三年二月,三月稍予修正,题曰《玉门关阳关杂考》,以方回笔名发表于《真理杂志》第一卷第四期,自页三八九至页三九八。三十四年三月复加改定,重写一过,三月二十日写了,因记之。

莫高、榆林二窟杂考
——瓜沙谈往之三

一 叙言

敦煌千佛洞古名莫高窟，安西万佛峡古名榆林窟。二者创建之年代既相去不远，壁画之系统亦复同流共贯。三十一年十月至三十二年五月，余居莫高窟凡七阅月，朝夕徘徊于诸窟之间，纵观魏、隋、李唐以及五代、宋、元之名迹。三十二年五月初复往游榆林窟，摩挲残迹，几逾旬日。神游艺苑，心与古会，边塞行役之苦，尘世扰攘之劳，不复关情，平生之乐无逾于此也。两窟壁画塑像蕴蓄繁富，自经变中之佛经故事以至于历代官室服饰之制度，皆属考古者无上可信之资料，为云冈、龙门之所不逮者也。余于艺术、考古皆无所知，兹唯杂记数事，琐屑微末，聊以供治敦煌学者之参观而已！

二 武周《李君修佛龛记》中之东阳王事迹考

自来论莫高窟创建时代者，多据武周《李君修佛龛记》，谓始

于苻秦建元二年（公元三六六年）。《修佛龛记》纪此云：①

> 莫高窟者厥重秦建元二年，有沙门乐僔戒行清虚，执心恬静。当杖锡林野行至此山，忽见金光，状有千佛。□□□□□造窟一龛。次有法良禅师从东届此，又于僔师窟侧更即营建。伽蓝之起滥觞于二僧。复有刺史建平公、东阳王等（中阙）乐僔法良发其宗，建平、东阳弘其迹。推甲子四百他岁，计窟室一千馀龛。

说者谓清乾隆时在莫高窟积沙中尚发见乐僔所立碑残石，②信否不可知也。莫高窟 $\frac{P17}{C300}$ 号窟窟外北壁上有唐末人书《莫高窟记》，其文云：

<blockquote>
莫高窟记

右在州东南廿五里三危山西，秦建元之世有沙一行门乐僔杖锡西游至此，遍礼羣山，见三危如千佛二行之状，遂□窟□严□□龛。□□有法建窟下阙三行多诸□□复于僔师龛侧又建一窟下阙四行二僧晋司空索靖题壁号仙岩下阙五行可有五百□龛，又中阙灵迹与下阙六行大像高一百二十尺，又
</blockquote>

---

① 《李君修佛龛记》原碑尚在莫高窟，碑文两面刻，今石已残破只馀三块。碑阴为进香人摩刓成槽十余道，字迹全毁。此据罗叔言《西陲石刻录》。近甘肃张鸿汀先生获一旧拓本，存字视罗录为多，行款亦可校罗录之失。张本具载于其所著《陇右金石志》中。
② 《西域水道记》卷三记乐僔碑云：彼土耆士赵吉云：乾隆癸卯岁岩畔沙中掘得断碑有文云：秦建元二年沙门乐僔立。旋为沙所没。

开元年中□处□百六十尺中阙造七行。大像高一百二十尺。
开皇时中使□灵喜建于□使（以下阙）

所记莫高窟创建情形，与《李君修佛龛记》同。巴黎藏石室本 P.2691 号残《沙州土镜》卷首纪莫高窟创建有云：①

今时窟宇并已矗新。从永和八年癸丑岁创建窟，至今大汉乾祐二年己酉岁，竿得五百九十六年记。

乾祐二年己酉为公元后九四九年。永和癸丑为九年非八年，盖公元后三五三年。自永和九年至乾祐二年正得五百九十六年。据《晋书》卷六十《索靖传》，靖卒于晋惠帝太安末（公元三〇三年）。靖于莫高窟曾题仙岩二字，意其时梵宇琳宫或已辉映山阿，故靖题记云尔。则其卒后五十年凿建石窟，殊为可信也。《李君修佛龛记》中之乐僔、法良及刺史建平公俱无可考。东阳王则贺君昌群在其《敦煌佛教艺术的系统》②一文中曾举出《魏书》卷十《敬宗孝庄帝纪》永安二年（公元五二九）八月"丁卯，封瓜州刺史元太荣为东阳王"一事，证明《修佛龛记》中之刺史东阳王乃元太荣，其说是也。太荣刺瓜州时，曾广写佛经以为功德。贺君文引日本中村不折藏太荣所写《律藏分》第十四卷经尾题记云：

---

① 石室本残《沙州土镜》见伯希和、羽田亨合编《敦煌遗书》第一集。《遗书》题曰《沙州志》，此依残卷文中《沙州城土镜》之语，为改定此名。
② 贺君文见《东方杂志》第二十八卷十七号。

大代普泰二年岁次壬子三月乙丑朔二十五日己丑，弟子使持节散骑常侍都督岭西诸军事车骑将军开府仪同三司瓜州刺史东阳王元荣，惟天地妖荒，王路否塞，君失臣礼，干滋多载。天子中兴，是得遣息叔和，早得回还，敬造《无量寿经》百部：四十部为毗沙门天王，三十部为帝释天王，三十部为梵释天王。造《摩诃衍》一部百卷：三十卷为毗沙门天王，三十卷为帝释天王，三十卷为梵释天王。《内律》五十五卷，一分为毗沙门天王，一分为帝释天王，一部为梵释天王。造《贤愚》一部为毗沙门天王，《观佛三昧》一部为帝释天王，《大云》一部为梵释天王。愿　天王等早成佛道。有愿元祚无穷，帝嗣不绝，四方附化，恶贼退散，国丰民安，善愿从心，含生有识之类，咸同斯愿。

案太荣所写经除中村氏所藏外，国立北京图书馆尚藏有菜字五十号石室本《大智度论》残卷，亦太荣写本，经尾题记云：[1]

大代普泰二年岁次壬子□□乙丑朔二十五日己丑，弟子使持节散骑常中阙西中阙阳王元荣下阙。

盖与《律藏分》为同日所施写者。伦敦藏石室本S.4528号《佛说

---

[1] 参看许国霖《敦煌石室写经题记》上辑。又同书记殷字四十六号《仁王护国般若波罗密经》经尾题云："永安三年七月二十三日佛弟子元□集为梵释天王（缺）若经一百部合三百部并前立须乞延年（缺）"，元字下缺一字，此卷疑亦是太荣所写施者。

仁王般若波罗密经》残存第五品末至第八品，又 S.4415 号《大般涅槃经》卷三十一，两卷皆太荣所施写者，经尾题记完好无缺，并录如次：①

> 大代建明二年四月十五日，佛弟子元荣既居末劫，生死是累，离乡已久，归慕常心。是以身及妻子奴婢六畜，悉用为毗沙门天王布施三宝，以银钱千文赎。钱一千文赎身及妻子，一千文赎奴婢，一千文赎六畜。入法之钱即用造经。愿天王成佛。弟子家眷奴婢六畜滋益长命，及至菩提，悉蒙还阙，所愿如是！（S.4528）

> 大代大魏永熙二年七月十五日，清信士使持节散骑常侍开府仪同三司都督岭西诸军事斗骑大将军瓜州刺史东阳王元太荣，敬造《涅槃》、《法华》、《大云》、《贤愚》、《观佛三昧》、《祖持》、《金光明》、《维摩》、《药师》各一部，合一百卷，仰为毗沙门天王，愿弟子所患永除，四体休宁。所愿如是！（S.4415）

建明二年为公元后五三一年，普泰二年为公元后五三二年，永熙二年为公元后五三三年。由以上诸卷题记，可知自永安二年以后以至永熙二年（公元五二九—五三三年），历时五载，太荣犹守瓜州。元太荣亦写作元荣，并非有脱文也。

太荣事迹又散见《周书》申徽、令狐整诸传。《周书》卷三十

---

① Lionel Giles, "Dited Chinese Manuscripts in the Stein Collection", *Bulletin of the School of Oriental Studies*, vol. VII, part 4, pp.820, 822, 935.

二 《申徽传》云（《北史》卷六十九《徽传》同）：

（大统）十年迁给事黄门侍郎。先是东阳王元荣为瓜州刺史，其女婿刘彦随焉。及荣死瓜州，首望表荣子康力刺史，彦遂杀康而取其位。属四方多难，朝廷不遑问罪，因授彦刺史，频征不奉诏。又南通吐谷浑将图叛逆，文帝难于动众，欲以权略致之，乃以徽为河西大使，密令图彦。徽轻以五十骑行，既至，止于宾馆。彦见徽单使，不以为疑。徽乃遣一人微劝彦归朝，以揣其意，彦不从。徽又使赞成其住计，彦便从之，遂来至馆。徽先与瓜州豪右密谋执彦，遂叱而缚之。彦辞无罪，徽数之曰："君无尺寸之功，滥居方岳之重，恃远背诞，不恭贡职，戮辱使人，轻忽诏命，计君之咎，实不容诛。但受诏之日，本令相送归阙，所恨不得申明罚以谢边远耳！"于是宣诏慰劳吏人及彦所部。复云大军续至，城内无敢动者。使还迁都官尚书。十二年瓜州刺史成庆为城人张保所杀，都督令狐延等起义逐保，启请刺史，以徽信洽西土，拜假节瓜州刺史，徽在州五稔，俭约率下，边人乐而安之。

《徽传》所云之瓜州豪右即令狐整也。《周书》卷三十六《令狐整传》云（《北史》卷六十七《整传》同）：

令狐整字延保，敦煌人也，本名延，世为西土冠冕。……整幼聪敏，沉深有识量，学艺骑射，并为河右所推。刺史魏东阳王元荣辟整为主簿，加荡寇将军。整进趋详雅，对扬辩畅，谒见之日，州府倾目。荣器整德望，尝谓僚属曰："令狐延保西州令望，方城重器，岂州郡之职所可縶维。但一日千里，必基武步。寡人当委以庶务，画诺而已！"顷之魏孝武西迁，河右扰乱，荣仗整防捍，州郡获宁。及邓彦窃瓜州，拒不受代，整与开府张穆等密应使者申徽，执彦送京师，太祖嘉其忠节，表为都督。

荣婿，《申徽传》作刘彦，《令狐整传》作邓彦。不知孰是。就以上诸传观之，自永安二年至大统十年太荣守瓜州前后凡十六年。荣大约卒于大统十年，子康嗣位婿彦篡乱，当在大统十年至十一年之间，申徽定乱即在大统十一年。太荣为瓜州刺史，疑在永安二年以前，二年始封东阳王。令狐整为西州人望，太荣能辟为僚属，委以庶务，其器识自不可及，是以能守瓜州历十馀年，未闻变乱。顾于其婿以枭獍之质，竟引之于卧榻之侧而不之知，卒之祸延子孙，族姓倾覆。常人蔽于所亲，其此之谓欤？[①]

元太荣或元荣之名，不见《魏书·宗室传》，初疑其即烈帝拓拔翳槐第四子武卫将军元谓之后。及得读《中德学志》第五卷第三期赵万里先生所作《魏宗室东阳王荣与敦煌写经》一文，根据新出墓志及《元和姓纂》，于元荣家世考证详确。余旧说可以覆瓿，因不

[①] 谢启昆《西魏书》卷十二《诸王列传》有《东阳王元荣传》，大都据《周书·申徽传》。唯首云："东阳王荣大统十一年为瓜州刺史，与其婿邓彦偕行。"置太荣刺瓜州之岁于大统十一年。案据《周书·令狐整传》已可见太荣之刺瓜州在魏孝武西迁之前。《西魏书·太荣传》只采《申徽传》而遗《令狐整传》，遂有此失。

更赘。

又魏时高昌麴氏如麴嘉、麴光、麴坚所带官勋俱有瓜州刺史之号，而麴光之为瓜州刺史且在永安元年，即封元太荣为东阳王之前一年，①疑此皆是散官，并无职事也。

三　榆林窟小记

榆林窟俗名万佛峡，在今安西南一百四十里。三十二年五月往游榆林窟，出安西西门，西南行逾十工山（即三危山之俗名），七十里至破城子，汉之广至、唐之常乐也。②古城周垣完整，城外遗址迤逦不绝。自破城子南行，过戈壁，四十里至水峡口。踏实河自南北流，至是折向东南，斯坦因书中所云之小千佛洞即在此③。小千佛洞亦名下洞，位于踏实河转向处之两岸峭壁上；南岸存十窟，北岸存一窟。南窟大率为五代及宋时所开或重修。自西向东第五窟有中心座，榆林窟张大千所编十九号、廿号构造亦与此同，以莫高窟形式证之，皆元魏遗制也。颇疑榆林窟创建时代与莫高窟应相去不远。莫高窟地处敦煌，去沙州城只二十余里，是以文献石刻流传綦夥。榆林窟距大道过远，巡礼者罕至，遂不见记载，亦无一石刻可资考证。唐释道宣《集神州三宝感通录》卷中《北凉沮渠丈六石像现相缘》十六文末有云：

今沙州东南二十里三危山，崖高二里，佛像二百八十

---

① 关于高昌麴氏官勋俱带瓜州刺史一事，可参看罗叔言所著《高昌麴氏年表》。
② 参看《辛卯侍行记》卷五。
③ M.A.Stein, *Serindia*, vol. III p.1109.

龛，光相亟发云。

或据此以为沮渠蒙逊始创榆林窟，亦有谓沮渠氏所造凉州石窟盖在敦煌者，皆非也[1]。道宣所纪自是敦煌莫高窟，错入纪沮渠丈六石像之后，说者不察，因以致误耳。小千佛洞水北只存一窟，窟内南壁门东绘菩萨赴会像，东壁近南绘三身佛下绘供养天女，线条刚健婀娜，赋色沈丽，盖晚唐高手所作，非宋人所能企及也。

榆林窟即在水峡口南三十里。自水峡口沿河谷南行，二十里蘑菇台子，更南十里即榆林窟。踏实河发源南山，蜿蜒北流。石窟位于河之两岸，东西相距不及一百公尺，峭壁矗立，有若削成，石窟错落点缀于两岸壁间。河水为石峡所束，奔腾而出，砰磅訇磕，其声若雷。春夏之际两岸红柳掩映，杂花蒙茸，诚塞外之仙境，缁流之乐土，莫高窟所不逮也。东西两岸石窟为数四十，有壁画者张大千氏凡编二十九号。东岸二十窟，上下二层，下层自北往南凡五号，上层自南往北起六号讫二十号。西岸九窟，自南至北起二十一号止二十九号。

东岸十七号窟窟门外南壁天王像下方有唐光化三年题名，文云：

光化三年十二月廿二日，悬泉长史奔乞达、宁厣柱、奔瞾磨，都知兵马使冯钵略，兵马使王仏奴，游奕使奔钵罗赞，兵马使杨仏奴，随从唐镇使巡此圣迹，因为后记。

---

[1] 参看伊东忠太著《支那建筑史》页二〇一（《东洋史讲座》第十一册）。

唐昭宗光化三年正为公元后九百年。光化三年题名之北又一题记云：

> 壬子年五月十五日，榆林□□□人田周石、阿力拙马军安清子、贺蔫、朱安、石乍奴、田□奴、郭苟奴、候一德、黄再德，同到人金都衙娘女及女□孙，刘儿女人充子、友定、高阿朵。

此壬子不知是何年，就题名字迹而论，或为元人所题也。东岸十三号窟窟门外南龛西壁又有宋雍熙时题名云：

> 雍熙五年岁次戊子三月十五日，沙州押衙令狐住延下手画□监使窟。至五月三十日……具画此窟周□□君王万岁，世界清平，田赞善□众……孙莫绝直主……严长发大愿，莫断善心，坐处雍护，□□通达，莫遇灾难，见其窟严□也。

宋太宗雍熙只三年，五年戊子是为端拱二年，公元后之九八八年也。十七号窟为中唐高手所作，保存极佳，为全榆林窟冠。十三号窟经宋人重修，重修痕迹尚可见，原来当亦是唐末或五季所开也。十号窟窟门外甬道北壁上有西夏人所书榆林窟记一长篇，其文云：

阿育王寺释门赐紫僧惠聪俗姓张住持窟记

盖闻五须弥之高峻，劫尽轮王；四大海之滔深，历数潜息。轮王相轮，无逾于八万四千；释迦装严，难过于七十九岁，咸归化迹，况惠聪是三十六勿有漏之身。将戴弟子僧朱什子、张兴遂惠子弟子佛兴、安住及白衣行者王温顺共七人，往于榆林窟山谷住持四十日，看读经疏文字，稍薰习善根种子。洗身三次，因结当来菩提之因，切见此山谷是圣境之地，古人是菩萨之身。不指锥门，就寺堂瑞容弥勒大像一尊，高百余尺。三十二相，八十种好端严，山谷内雷水常流，树木稠林，白日圣香烟起，夜后明灯出现。本是修行之界，昼无恍惚之心，夜无恶觉之梦。所将上来圣境，原是皇帝圣德圣感，伏愿皇帝万岁，太后千岁，宰官常居禄位，万民乐业，海长清，永绝狼烟，五谷熟成，法轮常转。又愿九有四生，蠢动含灵，过去现在未来父母师长等普皆早离幽冥，生于兜率天宫，面奉慈尊足下受记。然愿惠聪等七人及供衣粮行婆真顺小名安和尚，婢行婆真善小名张你，婢行婆张听小名朱善子，并四方施主普皆命终于后世，不颠倒兑离地狱，速转生于中国，值遇明师善友，耳闻好法，悟解大乘，聪明智惠者。况温顺集习之记。□□□□之理，韵智不迭后人切令怪责千万遐迩缘人莫□之心佛。国庆五年岁次癸丑十二月十七日题记。

国庆为天赐礼盛国庆省书，乃西夏秉常年号，癸丑为国庆三年，当宋神宗熙宁六年，公元后一〇七三年，五年为乙卯非癸丑也。（榆林窟九号窟窟门外门楣上有元至正十三年五月十五日书《大元重修三危山榆林窟记》，即全袭西夏惠聪《住持窟记》，仅首尾略易数字，不知何故也。）惠聪所修之弥勒大像疑即是五号窟之大佛，今尚保存完好，金碧如新，则近人之所重装者耳。十七号窟壁画作于中唐，时在光化三年以前，日本人松本荣一以为造于光化三年，盖由误以巡礼人之题名为窟主之题记。十七号窟窟外门楣上自有《功德记》一篇，文字十九漫漶，文末"……《功德记》推官保达撰敦煌郡囗刺史……龙家十四人"诸字尚清晰可辨，此则是造窟人之题记也。①至于榆林窟开创时代，虽乏石刻或文字上记载以为考较之资，然如十九号、二十号诸窟形制与莫高窟诸魏窟同，以此推之，疑亦始创于六朝，唯以迭经后人重修，遂致魏隋画迹悉归泯没耳。各窟题名，其有年代可考者，自光化三年以至国庆三年，俱在九世纪至十一世纪之间。斯坦因谓榆林窟创于九世纪至十世纪，题名率为元代云云。②由上举诸证观之，其说不足据也。

又榆林窟一号至三号以及二十号四窟壁画，笔调与莫高窟 P117/C75 号窟门洞 P171a/C160 号窟窟内四壁及 C.307、C.309 号诸窟同，出于元人之手，所用线条皆是世所称兰叶描。清新飘逸，远胜于莫高、榆林诸宋人画之沈滞板拙。或以上举诸窟供养人像题名多用西夏字，遂目为西夏时代画，矜为创获。③然榆林窟三号窟窟内门西壁画下供养人像与其上所绘水月观音俱属同一时代，并无补修痕

---

① 参看松本荣一著《敦煌画の研究图像编》页四二〇。
② M.A. Stein, op.cit., vol. III, pp.1109—1114.
③ 近人张大千之说如此。

迹。女供养人像皆戴姑姑，乃是蒙古服饰，与莫高窟$\frac{P146}{C134}$号窟门洞元代所绘供养人像同，时属元代，毫无可疑。元平西夏，河西以旧隶西夏，仍行西夏文，故西夏文亦曰河西字。上述诸窟壁画，虽成于西夏人之手，然已是元代之西夏，与天水一朝之西夏盖有别矣。诸窟大都绘密教曼荼罗，是亦可为属于元代之证明也。

四 敦煌佛教艺术与西域之关系

敦煌之西千佛洞、莫高窟，安西之小千佛洞、榆林窟，在历史上既彼此互有关系，就艺术言亦为同一系统作品，故可总名之曰敦煌佛教艺术。关于敦煌佛教艺术在中国艺术史上之地位，以及与云冈、龙门、天龙诸石窟雕刻之关系，时贤讨论甚多，兹不备论。至于敦煌佛教艺术之渊源，则说者不无异议，亦有倡为源出汉画之说者。案中国之有壁画不知始于何时，唯战国、西汉已有画屋之风。屈子《天问》即见楚人神庙壁画有感之作。而汉广川王去殿门有成庆画，短衣大裤长剑，又命画工画其幸姬陶望卿舍；广川王海阳亦画屋为男女裸交接，置酒请诸父姊妹饮，令仰视画。[①]是皆在秦以前及武帝、昭、宣之世，盖公元前第四世纪及第一世纪之上半叶也。战国以及汉代画屋在技术方面之情形如何？是否可以后世之壁画目之？史文缺略，俱无可考。若夫武梁石室一类之画像石，则属于浮雕，与壁画殊科。又其中时杂以跳丸及都卢寻橦之伎，树则左右交缠对称，与伊兰古代之浮雕手法相同，富于异国情调，非纯粹

---

① 参看《汉书》卷五十三《景十三王列传》广川王诸传。

汉族文明所能解释。故谓敦煌壁画为继承汉代画屋之风，固近于臆测，以为出于汉画像石，亦有未谛也。夫敦煌佛教艺术导源西域彰彰明甚，兹就技术以及画理方面略举数证，以为解纷理惑之助，世之治敦煌佛教艺术者或有取焉！

一、论画壁制度

唐段成式《酉阳杂俎》续集卷五、卷六《寺塔记》，张彦远《历代名画记》卷三记"两京外州观画壁"记两京寺观画壁甚详，唯于画壁制度初未之及。宋李诫《营造法式》卷十三泥作制度画壁条记画壁造作制度，文云：

造画壁之制，先以粗泥搭络毕，候稍干再用泥横被竹篾一重，以泥盖平。又候稍干，钉麻华以泥分披令匀，又用泥盖平（以上用粗泥五重厚一分五厘，若栱眼壁只用粗细泥各一重上施沙泥收压三遍），方用中泥细衬。泥上施沙泥。候水脉定收，压十遍，令泥面光泽。

凡和沙泥，每白沙二斤用胶十一斤，麻捣洗择净者七两。

盖先用粗泥夹竹篾麻筋将壁遍涂盖平，次加中泥细涂，最后施以和胶之沙泥，候干压平，摩治光洁。然后再于其上绘画。唐以前画壁制度，尚未在唐人著作中发现何种记载。唯石室本《坛经》记五祖弘忍大师堂前有三间房廊，五祖欲于此廊下供养，画楞伽变，并画五祖大师传授衣法，流行五代为记。画人卢玲看壁了，明日下手。

此一段记载虽不甚明了，然大致可以推知者：画壁已先整治完好，画师只须看定壁之大小情形，明日即可下手绘画。此与《营造法式》所记皆属于西洋壁画中之 Tempera 一种，盖待壁面干后始施彩绘者。今莫高、榆林诸窟壁画，俱先以厚约半寸之泥涂窟内壁上使平；敦煌一带不产竹篾，故泥内易以锉碎之麦草及麻筋以为骨骼。泥上更涂一层薄如卵壳之石灰，亦有极薄如纸者。彩色施于干燥之石灰面上，初未透入石灰面下之泥层。敦煌画壁之石灰面应相当于《营造法式》中和胶之沙泥，石灰面中是否亦和以胶，现尚未经检查，不得而知。其画法亦应属于 Tempera 而非 Fresco。[1] 印度阿旃陀（Ajanta）等处石窟画壁，大都于磊砢不平之壁上涂以厚约八分之一至四分之三英寸用泥牛粪淡黑色石粉和成之泥一层，泥中时杂以斩切极细之碎草及谷糠末，其上复涂以一层薄如卵壳之石灰，然后画师施彩其上。印度画壁制度与新疆库车、吐鲁番以及敦煌所见者相同，惟所用材料因地域出产不同而略有出入，大体固不殊也。阿旃陀石窟最早者为第九、第十诸窟，约创于公元后第一世纪左右，早于敦煌者凡三世纪。[2] 此种画壁技术自印度经新疆以传至敦煌，唐代两京外州寺观画壁制度，则又承袭敦煌而加以恢弘扩大耳。

二、论粉本比例以及其他

印度绘制壁画，先由画工将所欲画者在石灰面上用红色打一粗样，粗样打就后加一层半透明之绿色，使所画轮廓从绿色中可以隐

---

[1] 参看 M.A.Stein, op.cit., vol.II, pp.846—847引 F.H.Andrews 论敦煌壁画制作文。
[2] 关于印度阿旃陀诸石窟壁画制度，可参看 Percy Brown, *Indian Painting*, pp.98—101。

约透现。然后上手画师于半透明之绿色地上用黑或棕色为之描摹修正。粗样线条可以草率，修正者则必须明快深厚，线条修正蒇事始施彩绘。因一画出于众手，故往往可见修正痕迹。壁画以及普通绘画，俱有粉本，画家收藏粉本，父子相承，往往视为至宝。此种备摹拓用之粉本或画范制以鹿皮，于所画人物轮廓上刺成细眼，铺于画纸或画壁上，洒以炭末。画纸或画壁经此手续留下黑色细点，再用墨或朱笔连缀，即得所欲画之轮廓。印度画家绘制壁画及普通绘画，其初步手续大概如此。中国自六朝以迄隋唐画家亦用粉本。张彦远《历代名画记》卷二《论画体工用拓写》有云：

> 好事家宜置宣纸百幅，用法蜡之，以备摹写（顾恺之有摹拓妙法）。古时好拓画十得七八，不失神采笔踪。亦有御府拓本谓之官拓。国朝内库翰林集贤秘阁拓写不辍。承平之时此道甚行，艰难之后斯事渐废。故有非常好本，拓得之者所宜宝之，既可希其真踪，又得留为证验。

唐弘文馆有拓书手六人，集贤殿书院有拓书六人。是拓写书画之法自六朝以至于唐相承不替也。段成式《酉阳杂俎》续集卷六《寺塔记》下记翊善坊保寿寺之先天菩萨帧云：

> 寺有先天菩萨帧（一作幀），本起于成都妙积寺。开元初有尼魏八师者，常念大悲咒，双流县百姓刘乙名意儿，年十一，自欲事魏尼，尼遣之不去。常于奥室立禅，尝白魏云：先天菩萨见身此地，遂筛灰于庭，一夕有巨迹数

尺，轮理成就，因谒画工随意设色，悉不如意。有僧杨法成言能画，意儿常合掌仰祝，然后指授之，以近十稔工方毕，后塑先天菩萨，凡二百四十二首，首如塔势，分臂如意，蔓其榜子有一百四十日乌树，一凤四翅水肚树。所题深怪，不可详悉。画样凡十五卷。柳七师者崔宁之甥，分三卷往上都流行。时魏奉古为长史进之，后因四月八日赐高力士。今成都者是其次本。

所谓拓本或画样，皆粉本之别称也。敦煌石室所出经卷绘画中时杂有画范之属，而刺以细孔上施朱墨之画稿亦复不少，[1]当是利用画范故刺有细孔也。莫高窟魏、隋、李唐诸窟以历年过久，彩色剥落，露出最初用朱墨画成之粗样者为数颇多。至于起稿用淡墨，修正用浓墨，以致浓淡两种线条参差呈露者亦数见不鲜。凡此皆可见古代敦煌制作壁画或普通绘画，其初步手续几与印度全同也。[2]

清乾隆时西番学总管漠北工布查布译《佛说造像量度经》并为之解，于绘制幐像时自发至足各部分之比例叙述极详。兹录一段以见梗概：[3]

---

[1] 关于敦煌石室所出画范及画稿可参看M.A.Stein，op.cit.vol.II，p.969，Ch.00159条，及Arthur Waley, *A Catalogue of Paintings Recovered from Tun-huang by Sir Aurel Stein*, p.110 LXX II–LXX III.
[2] 莫高窟 $\frac{P76}{C41}$ 号窟西龛外两侧文殊、普贤像下之天女，面部衣服线条，俱有修改痕迹，可为证明。
[3] 工布查布译解之《佛说造像量度经》解有乾隆时刻本，及《大正新修大藏经》第二十一卷本。余又见一旧抄本，文字繁缛，与《大正藏》本异同甚多。兹据《大正藏》本，取其习见也。此处所引见《大正藏》二十一卷页九四一至九四二。

分别其节目则肉髻发际颈喉各纵四指，共凑成满一搩也。面轮及自喉至心窝，由是至肚脐，由是至阴藏各一搩，是上身之五搩也。脾枢（即胯骨也）膝骨足踵各纵四指，共凑一搩，股胫各二搩，是下身之五搩。合较满十搩。十搩即一寻，每搩十二指，十个十二，即一百二十，此乃比量竖纵之分法也。度横广之法则自心窝而上比至六指处（胎偶则六指零一足处），从正中横量至两腋各一搩。由是顺手至肘以里两臑各长二十指，由是至手腕两臂各十六指，由是两中指梢各一搩。共计亦百二十指也。若造座像，其法阴藏中为正中，即身之半也。其下添四指处平弹绷线（绷音伻，以绳直物也）而彼与梵饼（窟像之主心准绳曰梵饼）相接处即跏趺交会之下隅也。又加四指为法身之下边宝座之上面也。从趺会下隅起，直上立弹绷线，比至眉间白毫中之分量，与其趺坐双膝外边相去间阔分长短平等，而两踵相离分得四指焉。

绘制佛像者以自手指为度量单位，十二指曰一搩，全身纵长横广各分为十搩。下手绘样之前，先用朱墨纵横画成比例格，然后依照规定绘画身体各部。《佛说造像量度经》附图十二幅，俱有比例格，所以示制作之矩范也。又据工布查布说，佛及菩萨像量度谓之十搩度；自初地菩萨以下，总摄世间圣及出世圣二种圣像之常制为九搩度；一切威怒像通作八搩度；诸矮身像度如吉祥王菩萨等则为六搩度，一名侏儒量。凡夫身量则竖八十四指，横九十六指，纵广不等。①

印度古代一书曰《画论》（Citralaksana, The Theory of Painting, or The Essential Marks or Characteristics of Picture）者，中论人物画像制度，亦以为神祇帝王之像较之常人应远为雄伟云云。案公元后三世纪时印度 Vatsyayana 著《爱经》（Kamasutra）论画有六法（Sadanga, or Six Limbs of Indian Painting），其二为 Pramanam，意即感觉量度结构俱须正确之谓，即近代所谓比例也。②《爱经》中之画有六法，乃推阐前人之说，则绘画人物须有比例之观念在印度起源甚早。惟据《画论》及工布查布说，更证以阿旃陀诸窟壁画，比例固有等差，佛菩萨帝王以及凡夫各有不同，不可以等量齐观。印度种姓（caste system）观念渗入于印度社会生活各方面，此亦其一端也。

莫高窟魏、隋诸窟彩色剥落以后，往往露出用红土所绘之粗样，其贤劫千佛像及释迦像粗样大都有用红土画成之比例格，如 $\frac{P116bis}{C238}$ 号窟即其一例。又魏、隋、李唐诸窟壁画中尊比例俱视旁侍诸弟子以及菩萨天龙八部为大。不仅佛菩萨像比例有等差，即供养人像亦复如是。如 $\frac{P16}{C20}$ 号窟门洞北壁乐庭瓌南壁庭瓌夫人王氏像视其后随之子女仆婢像约大三分之一。又 $\frac{P17bis}{C300}$ 号窟窟内南壁

---

① 参看《大正藏》二十一卷页九四五至九四八，一、菩萨像，二、九搩度，三、八搩度诸节。
② 参看 P.Brown, op.cit., pp.20—21。

壁画下方绘张议潮收复河西图，北壁壁画下方绘议潮夫人宋氏出行图，议潮夫妇人马倍大于余像。敦煌当日画家接受印度绘画之技术及理论，即此所举可见一斑也。

三、论天竺传来之凹凸花法

印度画与中国画俱以线条为主。唯印度画于线条中参以凹凸法，是以能于平面之中呈立体之势。其画人物，如手臂之属，轮廓线条干净明快，沿线施以深厚色彩，向内则逐渐柔和轻淡，遂呈圆形。是即所谓凹凸法也。阿旃陀以及锡兰之 Sigiriya 诸窟壁画，其表现阴阳明暗，皆用此法。① 印度画传入中国，其最引人注意与称道者亦为此凹凸法一事，与明、清之际西洋画传入中国之情形正后先同辙。② 故六朝以来画家以凹凸法作画者，后人著录辄注明其为天竺法，如梁张僧繇在建康一乘寺寺门画凹凸花，唐许嵩《建康实录》谓是天竺遗法，即其例也。③《酉阳杂俎》续集卷六《寺塔记》下记长安宣阳坊奉慈寺普贤堂尉迟画云：

> 普贤堂本天后梳洗堂，蒲萄垂实，则幸此堂。今堂中尉迟画颇有奇处。四壁画像及脱皮白骨匠意极崄，又变形三魔女，身若出壁，又佛圆光均彩相错乱目成讲。东壁佛座前锦如断古标，又左右梵僧及诸蕃往奇。然不及西壁，

---

① 参看 P. Brown, op. cit., p.65.
② 参看拙著《明清之际中国美术所受西洋之影响》一文，原载《东方杂志》第二十一卷第一号。见本文集第四九五页至第五三一页。（本书第五〇三至五四八页。——编者注）
③ 许嵩《建康实录》卷六。

西壁逼之摽摽然。

所谓身若出壁，逼之摽摽然，皆言其有立体之感耳。此处之尉迟指尉迟乙僧。乙僧于慈恩寺塔画千臂千钵文殊亦用凹凸法。尉迟乙僧及其父跋质那并为于阗质子，故画用西域法。然此种印度传来之作画技术，唐代大家当亦有采用之者，如吴道玄画怪石崩滩若可扪酌，颇疑其用凹凸法，不然不能至此也。又世之论吴画者每谓其用笔如屈铁盘丝，又谓其如莼菜条。所谓莼菜条，盖融合中国固有之旧法与西域传来之新知，而另成一派者，此吴生之所以为古今一人也。以不在本文范围之内，兹不俱论。敦煌魏、隋、唐、宋诸窟壁画人物大都用铁线描，纤细之朱墨线条描绘轮廓，然后以浓朱沿轮廓线条内部晕染一遍，如手臂之类，至中渐淡渐浅；远视中间突起，即之俨然如真。魏窟诸画朱色大都转黑，佛菩萨及力士像往往胸部成二大圆圈，腹部成一大圆圈，形如倒品字。然如 $\frac{P120e}{C83}$ 及 $\frac{P116bis}{C238}$ 诸窟，壁画尚保存原来颜色，胸腹诸部乃以粗朱线描成轮廓，内复用朱色晕染，渐中渐浅，遂成胸腹突起之形。（朱色变黑，乃成三大圆圈。诸窟佛像面部用晕染法，变色之后亦成圆圈。）此即所谓凹凸法也。用浅深晕染之。凹凸法技术自印度传至新疆，由新疆以至于敦煌，东西文化之交流，此其一端也。

四、论绘画中之空间观念

谢赫论画有六法，其五曰经营位置，此即近代所谓结构

（Composition）也。宋以后之山水画，不仅山水本身须惨淡经营，使其一一停当，即画面所留空间，亦包罗于经营位置之内。空间与画面配置得当，则全画为之生色；失其均衡，名手亦因而减价。高日甫《论画歌》曰："即其笔墨所未到，亦有灵气空中行。"清笪重光《画筌》有云："虚实相生，无画处皆成妙境。"①山水画中空间之为用，一方面在保持全画之平衡，一方面则画家一段不尽之意，胥恃此空虚寥阔之境以为寄托。马远、夏圭之作最足以见此种境界。魏晋以降以至于唐则不然。张彦远《历代名画记》卷一《论画山水树石》曰：

> 魏晋以降，名迹在人间者，皆见之矣。其画山水，则群峰之势若钿饰犀栉；或水不容泛，或人大于山，率皆附以树石，映带其地，列植之状，则若伸臂布指。详古人之意，专在显其所长，而不守于俗变也。国初，二阎擅美匠学，杨、展精意宫观，渐变所附。尚犹状石则务于雕透，如冰澌斧刃；绘树则刷脉镂叶，多栖梧菀柳。功倍愈拙，不胜其色。

据彦远所论，六朝人画山水人物树石，其比例观念专在集中表见，亦不用空间平衡画面，是以山水画中，"率皆附以树石，映带其地"。今即以敦煌壁画证之，莫高窟魏、隋诸窟所绘佛本生故事甚多，其中如鹿王本生大都作狩猎之状，因其所欲表现者为鹿王，

---

① 高日甫诗及笪重光《画筌》，俱据宗白华先生《中国艺术意境之诞生》一文转引，宗文见《时与潮》文艺副刊。

是以所绘群鹿往往驰突于峰峦之间，高大几逾半山，彦远人大于山之论于此数见不鲜，又因画家欲表现画中情景之紧凑，于是峰峦之上必植丛树，"列植之状，则若伸臂布指"，可谓为最恰当之形容。总而言之，六朝人画象征的意味多而写实的意味少也。唐以后则约定俗成（Conventionalised），规矩日趋紧严，塑像如金刚力士之属，其肌肉表现亦极合于解剖学学理。盖已渐趋于写实，而不复如六朝人之挥洒自如矣。然于空间观念则仍循魏、隋以来之旧轨，未予以重视。其绘经变，佛坐中央，绕以菩萨罗汉天龙八部，上下左右隙地别绘与经变有关故事。如弥勒下生变，宝池下于七宝供养外，附以穰佉王子及王妃剃度之像，上方左右则为宝城及一种七收等故事。必使画面所有隙地几于全部填塞充满而后已。此在宋以后以山水画为正宗之中国画中便甚罕见。然而印度阿旃陀诸石窟壁画则与我国六朝、隋、唐之作，若合符契。此种作风自印度传于西域，如高昌、龟兹诸国，复由西域东被以至敦煌，其间传布途径斑斑可考。则敦煌佛教艺术之导源西域，固可深思也。

以上所举画壁制度、粉本、比例、凹凸法诸事属于技术，空间观念属于理论。敦煌系统之佛教艺术，自技术以讫于理论，在受有印度之影响，就上举诸证可明大较。然如龟兹诸石窟壁画中有所谓画家窟（Painter's cave）者，有西域画家 Mithradatta 之自画像及题名，斯坦因在磨朗（Miran）所得壁画亦有系出罗马名为 Titta 之印度画家题名。[1]敦煌自古以来为中外交通门户，西域各国人士流寓其间者往往有之。中国佛教史上有名之敦煌菩萨竺法护，其先世即为

---

[1] 关于龟兹画家窟，可参看羽田亨著《西域文明史概论》页七七至八一。斯坦因在磨朗所得有画家题名之壁画，其大概可参看拙译《斯坦因西域考古记》页八八至八九。

月氏人而流寓敦煌者。与法护翻经之帛元信、帛延则为龟兹人。至于隋、唐，河西内附历六、七百载，犹杂蕃、浑，言音不同，羌、龙、嗢、末，杂居共处。敦煌石室所出书，具备西域各种文字，各种宗教，氍毹之类亦复参杂中国、伊兰以及希腊作风。凡此皆可以反映汉、唐间敦煌人种文化之复杂也。莫高、榆林诸窟巡礼人题记，汉文而外，梵、藏、婆罗谜（Brahmi）、西夏、回纥、蒙古文字不一而足，种姓繁复于此可见。莫高窟$\frac{P129}{C89}$号窟原为魏代所开，唐人重修，窟内供养人像上题名一面书回纥字，一面书汉文"商胡竺……"诸名，是莫高窟诸窟中亦有西域人施割财物之所修者矣。莫高窟诸窟亦有画家题记，如$\frac{P156}{C186}$号窟南壁上之上元二年题记即其一例。唯有姓名可稽者则只$\frac{P63}{C305}$号一窟，此为索勋时所修窟，门洞南壁有索勋供养像，题名结衔尚清晰可辨。窟内南壁上绘不知何经变，已塌毁过半，下绘菩萨赴会像，自东至西第六尊为南无大慈大悲观音菩萨像，像下西侧绘朱衣人幞头长跪供养像，下有题记云：

> 弟子宋文君敬画菩萨四躯：一为已亡慈母，二为已息已亡索氏娘子。

字画拙劣，颇疑其即为画工所自题也。榆林窟第六、第七号窟亦有元代画工题记，文云：

临洮府后学待诏刘世福到此画佛殿一所计耳。至正二十七年五月初一日计。

刘世福为元人，唐、宋画家题记尚未之见。唯榆林窟诸窟大都重修于瓜、沙曹氏之世，其供养人像题名结衔颇有可以考见曹氏所设画院制度之梗概者，兹为汇录于次：

清信弟子节度押衙□□相都画匠作银青光禄大夫白般经一心供养（二十三号窟）
□主沙州工匠都勾当画院使归义军节度押衙银青光禄大夫检校太子宾客笪（竺?）保（二十五号窟）
□□节度押衙知画手银青光禄大夫检校太子宾客武保琳一心供养（同上）

以上三则为与绘事有关之题名。又二十四号窟窟内东壁门南供养人像第二躯题名云：

社长押衙知金银行都料银青光禄大夫检校太子宾客郁迟宝令一心供养

由以上诸题名结衔推测，疑瓜、沙曹氏之世盖设有画院，掌院事者曰都勾当画院使。而都画匠作当亦为知绘事之官。知金银行都料则或是掌制作金银器如金银平脱之类者，略如唐制中尚署之金银作坊院，盖亦与艺术有关也。银青光禄大夫乃是散勋，依唐制为从三品。唯莫高、榆林二窟供养人像之在曹氏一代者题名结衔十九有银青光禄大夫以及检校太子宾客勋阶，疑多属僭窃自娱，非真受自朝廷也。郁迟一姓在伦敦藏石室本《新乡众百姓王汉子等谢司徒施麦牒》中尚有新乡监使郁迟佛德其人。[①]郁迟即尉迟之异译，为于阗国姓 Visá 一字之对音。其为系出西域确然无疑。而龟兹王室俱以白为其国姓，自汉至唐一系相承，历七、八百载未之或替。其国人入中国并以白为姓。白一作帛，上述与竺法护译经流寓敦煌之帛元信、帛延，以及晋高座法师帛尸黎密多罗，皆籍隶龟兹，故以帛或白为姓也。[②]榆林窟二十三号窟之供养人白般绽，其姓既与龟兹国姓同，名亦不类汉人，必是流寓敦煌之龟兹国人，以知绘事而为曹氏画院供奉者。笘保疑是竺保之俗写，当为印度人。敦煌诸窟壁画中虽至今尚未发见西域画家题名，然而勾当画院者为印度人，都画匠作为龟兹人，而知金银行都料亦籍隶于阗。有此种种旁证，则假设以为制作莫高、榆林诸窟壁画之艺人中亦有西域画家从事其间，汇合中西以成此不朽之作，或者与当时事实不甚相远也！

（见《文物参考资料》第二卷第五期《敦煌文物展览特刊》下册页七六—九五，一九五一年五月三十一日出版。）

[①] 王汉子等牒子见《沙州文录》。
[②] 法国故 Sylvain Lévi 教授研究龟兹语，于龟兹王室历史亦有极详细之讨论，冯承钧先生《史地丛考》所收之《龟兹语考》，即教授所著之节译也。

罗叔言《补唐书张议潮传》补正
——瓜沙谈往之四

唐自天宝安史乱后,河西、陇右相继沦于吐蕃,历时几七十年。宣宗大中初,张议潮始崛起敦煌,逐蕃归唐,以十一州图籍上献。河西遗黎之得重睹汉官威仪者,皆议潮之力也。然两《唐书》竟未为议潮立传,偶有所纪,亦复一鳞片爪,不足以窥其全。敦煌石室藏书出,罗叔言始据石室遗文以及石刻,为《补唐书张议潮传》。民国癸丑(二年,公元一九一三年)刊印巴黎藏石室本(张延绶别传),于后《跋》中详考张氏事迹;甲寅(三年,公元一九一四年)加以重订,别著于《雪堂丛刊》中;丙寅(十五年,公元一九二六年)复据所见巴黎藏石室遗文重为写定。[①]然石室藏书既散之英、法诸国,未尽刊布,莫高窟壁画供养人像题名亦有与张氏一代史事有关者。罗叔言限于见闻,是以《补传》不免疏漏。年来两履敦煌,略有所得,因就知见,补正如次;于所不知,谨从盖阙。

---

① 《鸣沙石室佚书》影印石室本(张延绶别传),罗叔言《跋》历考张议潮事迹,是为《补传》初稿。民国甲寅重为写定,始刊于《雪堂丛刊》,继又布之于《永丰乡人杂著》中。丙寅复据所见巴黎藏石室本《张氏勋德记》等遗文改订旧稿,刊于丙寅稿中,上距初稿之成,盖已十四年矣。

沙州陷蕃年代，《补传》据《陇西李府君再修功德记》及颜鲁公《宋广平碑侧记》，定为德宗贞元元年（公元七八五年），谓徐星伯《西域水道记》沙州以建中二年（公元七八一年）陷之说为无据。[1]然《水道记》之说固出于《元和郡县图志》也。《元和志》卷四十沙州条云：

> 建中二年陷于吐蕃。

罗叔言于《元和志》未加详检，遽肆诋諆，亦可谓失之眉睫也已。今案石室所出诸沙州地志足以证明《元和志》记沙州陷蕃年代者尚复不少。伦敦藏石室本S.788号残《沙州地志》记寿昌县云：[2]

> 右汉龙勒县。正光六年改为寿昌郡。武德二年为寿昌县，永徽六年废，乾封二年复改为寿昌置（？县）。建中初陷吐蕃。大中二年张议潮收复。

又晋天福十年写本《寿昌县地境》[3]亦谓寿昌于"建中初陷吐蕃"。寿昌属于沙州。上引二书俱谓寿昌陷于吐蕃在建中初，则《元和

---

[1] 徐松《西域水道记》卷三哈喇淖尔所受水条，记党河又北流过敦煌县城西旧沙州城东句，注曰："建中二年陷于吐蕃。"
[2] 伦敦藏石室本S.788号卷子影片见L.Giles, *A Topographical Fragment from Tunhuang BSOS*, vol.Ⅲ.Pt.3, Plate Ⅴ.
[3] 参看拙著《记敦煌石室出晋天福十年写本〈寿昌县地境〉》，原载北平图书馆《图书季刊》新第五卷第四期页一至一一。见本文集第四二九页至第四四二页。（即本书第四三九至四五三页。——编者注）

志》所记沙州陷蕃年代，固信而有征矣。

至于张议潮收复沙州，传世诸书率置于宣宗大中五年（公元八五一年）。《新唐书·吐蕃传》谓议潮：

> 以部校十辈皆操挺纳表其中，东北走天德城。防御使李丕以闻。①

《补传》从之。据石室所出遗文，则多谓议潮之收复瓜、沙，为时在大中二年。前引 S.788 号残《沙州地志》及《寿昌县地境》俱谓寿昌"大中二年张议潮收复"。又伦敦藏石室本 S.3329 号卷子记云：②

> 敦煌晋昌收复已讫，时当大中二载。……沙州既破吐蕃，大中二年遂差押牙高进达等驰表函入长安城，以献天子：

意者张议潮以大中二年收复瓜、沙，遂遣使者赴阙表闻。然据伦敦藏石室本 S.936 号光启元年张大庆书《沙州伊州地志》残卷，③议潮收复西州在大中四年。《新唐书·吐蕃传》及伦敦藏石室本 S.6342

---

① 李丕，《补传》作周丕，宋本及行世诸本《新唐书·吐蕃传》俱作李丕，无作周丕者，不知《补传》何所据也。
② 参看 L.Giles，op.cit.，p.562。
③ 伦敦藏石室本 S.936 号张大庆写本《沙州伊州地志》残卷影片见日本小川博士还历纪念《历史地理论丛》页一三一至一五二，羽田亨博士所著《唐光启元年写本沙州伊州地志残卷考》一文中。

号卷子，①又谓凉州之复在懿宗咸通二年（公元八六一年）。是大中初瓜、沙诸州虽已光复，而甘、凉犹自未下，东道有阻，故使者诣阙上书，乃不得不迂道天德城，从此以入长安。道路险远，二年出发，大约四年岁暮或明年始达，五年方赐诏敕。史家据赐诏之年，遂谓议潮献表在五年耳。咸通二年凉州既下，八年议潮乃归觐长安。瓜、沙收复以后，奉议潮命入觐长安者自不止一人一次，取道或亦不止一途。杜牧之《樊川集》卷二十有《沙州专使押衙吴安正等二十九人授官制》可以见之。牧之此制当草于大中五年冬也。②至于押牙高进达等是否即为与吴安正等一同奉表入阙之人，则无可考矣。

　　河西归义，缁流亦与有功。奉使入觐之沙门悟真名见大中五年五月赐释门河西都僧统摄沙州僧政法律三学教主洪䇿诸敕。《樊川集》卷二十又有《敦煌僧正慧菀除临坛大德制》，慧菀亦当日奉使之一人也。《补传》谓慧菀即撰《华严音义》二卷之慧苑。案撰《华严音义》之慧苑，宋赞宁《高僧传》卷六有传，洛京授记寺沙门，华严三祖法藏法师上首门人。所撰《音义》收入开元十八年（公元七三○年）智昇撰《开元释教录》卷十三。《僧传》未言慧苑曾移寓敦煌，又自开元至大中初几历百二十年，即使为一人，如

---

① 参看L. Giles, op. cit., p.566。
② 牧之于大中四年出守湖州，其拜考功郎中知制诰在大中五年秋，本集卷三有《八月十二日得替后移居霅溪馆因题长句四韵》诗可知。其内擢考功郎中知制诰当在是年七、八月间，得替后少歇，北上抵长安，或须在九、十月之交。则《沙州专使押衙吴安正等二十九人授官制》及《敦煌郡僧正慧菀除临坛大德制》二文之作，最早亦当在大中五年十月也。关于牧之系年考略，可参看浙江大学《文学院集刊》一、二两集缪钺著《杜牧之年谱》。

此老寿，恐亦未能间关犯险远走数千里以奉使长安也。牧之《制》明谓"上人者生于西土"，与《僧传》所记慧苑之里贯不合。撰《华严音义》之慧苑与大中时奉使长安之慧苑自是二人，罗叔言未能详考，遂尔致误耳！

张议潮兄名议潭。①收复瓜、沙后，议潭率李明达等"先身入质"，已见《补传》。巴黎藏石室本 P.2762 号《张氏勋德记》②盖纪议潭子淮深修寺造窟功德者也。记述议潭官勋为前沙州刺史金紫光禄大夫检校鸿胪大卿守左散骑常侍赐紫金鱼袋，后加授左金吾卫大将军，卒赠工部尚书。除此而外，议潮兄弟家世官勋，尚可自莫高窟供养人像题名中考见一二。莫高窟 $\frac{P80}{C46}$ 号窟大约为议潮侄淮深所开，经宋人重修者。近人予以剥离，露出供养人像题名结衔尚完整无阙。门洞南壁自西至东供养人像第一人为张议潭，北壁自西至东供养人像第一人为张议潮，其题名结衔兹备录如次：

敕封河西一十一州节度管内观察处置等使金紫光禄大夫检校吏部尚书兼御史大夫河西万户侯赐紫金鱼袋右神武统军南阳郡开国公食邑二千户实封二百户司徒讳议潮

金紫光禄大夫兼检校吏部尚书□左金吾卫大将军兼御史大夫赐紫金鱼袋南阳郡开国公讳议潭

---

① 义潮、义潭及后来之曹义金，石室题名及遗文"义"俱作"议"，说见本文。
② 巴黎藏石室本P.2762号《张氏勋德记》残卷收入伯希和、羽田亨二氏合编活字本《敦煌遗书》第一集。原卷失去题目，《勋德记》云云，伯希和、羽田亨二氏之所拟定也。

窟内东壁门北一女供养人像，题名作：

  叔母宋国郡太夫人宋氏

门南一女供养人像题名作：

  母□□郡大夫人钜鹿索氏

又 $\frac{P17}{C300}$ 号窟当亦是张淮深所开，门洞南壁自西至东男供养人像第一人题名已漫漶，第二人题名结衔作：

  侄男银青光禄大夫检校太子宾客……赐紫金鱼袋淮深一心供养

门洞右壁自西至东女供养人像第一人题名大部漫漶，可辨者为：

  ……河内郡君太夫人宋氏……

第二人题名作：

  侄女泰贞十五娘一心供养

窟内北壁绘经变三幅，经变下绘河内郡宋国夫人出行图，题记尚清晰可辨；南壁上方亦绘经变三幅，经变下绘出猎图，题名已漫灭，犹隐约可见议潮诸字。淮深为议潭子，据巴黎藏石室本《张氏勋德记》，议潭夫人钜鹿索氏，则所谓叔母宋国郡太夫人宋氏及河内郡君太夫人宋氏，必议潮之妻无疑，而侄女泰贞或者即是议潭之女。又同号窟窟内西壁佛龛下绘女供养人甚多，北面一女供养人题名作新妇傅氏，诸字尚可识，其为何人之息，则不可考。议潮、议潭石室遗文以及壁画题名"义"俱作"议"，与后来之曹义金同；作"议"者其原名，作"义"者盖史家之改称也。

议潮于咸通八年入朝，十三年八月卒于长安。据巴黎藏石室本《张氏勋德记》，议潭亦"入陪龙鼎"，"寿终于京"，其夫人索氏"连镳归觐"，卒后"附葬于月登阁北茔"。议潮"归阙之日，河西军务封章陈款，总委侄男淮深令守藩垣"。巴黎藏石室本 P.2913 号卷子张景球撰张淮深《墓志铭》谓淮深之卒在昭宗大顺元年（公元八九〇年）[①]，《补传》据乾宁元年（公元八九四年）《唐宗子陇西李氏再修功德记》，谓"淮深卒，弟淮氵嗣，淮氵卒，托孤于议潮婿瓜州刺史索勋。勋乃自为节度"。"议潮第十四女凉州司马李明振妻也，出定其难，率将士诛勋。请于朝，以议潮孙嗣为节度使"。《李氏再修功德记》中"所赖太保神灵，辜恩剿毙，重光嗣子，再整遗孙"诸语，即指李明振妻诛灭索勋，以及重立议潮后人而言。唯淮深之卒在大顺元年，索勋之受朝命为河西道归义军节度使，据《索勋纪德碑》在景福元年（公元八九二年），其间是否尚有所谓淮氵嗣立及托孤之事，又所谓嗣子遗孙，究何所指，凡此皆

---

① 张景球撰张淮深《墓志铭》，承王重民先生教。

《补传》所未明言或未能言者。兹谨就莫高窟供养人像题名及石室遗文，试为推测如次：

《李氏再修功德记》末有"敕封宋国……伊西等州节度使兼司徒张淮深"及"妻弟前沙瓜伊西囗河囗节度使检校囗囗尚书兼御史大夫张淮沽"诸衔名。记文又云："先君归觐不得，同赴于京华；外族留连，各分飞于南北。于是兄亡弟丧，社稷倾沦。假手托孤，几辛勤于苟免。"前者指议潭、议潮之先后入京，后者则指淮深兄弟之相继云亡而言。巴黎藏石室本张景球撰《归义军节度使检校司徒南阳张府君墓志铭》云：

府君讳淮深，字禄伯，敦煌信义人也。……祖曰谦逸，工部尚书；考曰议潭，赠散骑常侍。……府君伯，大中七载便任敦煌太守。理人以道，布六条而土鼓求音；三事铭心，避四知而宽弘得众。乾符之政，以功再建节髦。特降皇华，亲临紫塞，中使曰宋光廷。……公以大顺元年二月二十二日殒毙于本郡，时年五十有九。葬漠高乡漠高里之南原，礼也。兼夫人颍川郡陈氏，六子，长曰延晖，次延礼，次延寿，次延锷，次延信，次延武等，并连坟一茔，以防陵谷之变。其铭曰：

哀哉运蹇 蹶必有时 言念君子 政不遇期 坚牛作孽 君主见欺 殒不以道 天胡鉴知 南原之礼 松楸可依 千古之后 世复何之 铭于旌表 用防改移

张景球文辞极隐约，细加推究，则大顺元年淮深夫妇以及六子大约同时遇难，故墓志铭一则曰"殒毙"，再则曰"坚牛作孽，君主见欺，殒不以道，天胡鉴知"。是以"并连坟一茔"也。淮深之弟疑与淮深同死，《再修功德记》因云"兄亡弟丧，社稷倾沦"。盖在大顺元年沙州骤乱，变生肘腋，淮深猝未及防，举室殒毙。作乱者即索勋其人也。索勋既杀淮深兄弟，遂自立为节度使，故《再修功德记》并无嗣立之辞；《补传》云云，纯出臆测，不足据也。景福元年朝命索勋为河西道归义军节度使，不过追认既成之事实而已。索勋既为议潮之子婿，李明振妻亦议潮之十四女，索、李二家俱属懿亲。索氏既肆篡夺，李氏遂以孤子遗孙为口实，大张挞伐。卒之"辜恩剿毙，重光嗣子，再整遗孙"。议潮之祚，盖又因李氏而复振。此一幕政权转移之争，其中当有若干勾心斗角流血杀戮之惨剧，惜乎书阙有间，已不可尽稽矣。

索勋篡夺以后，对于张氏子孙之情形，就石室题名亦可以推见一二。莫高窟诸窟中属于索勋时代所开者凡二窟。其一为 $\frac{P63}{C305}$ 号窟，门洞南北壁俱绘男供养人像。南壁供养人像题名全漫漶，北壁供养人像自西至东第一人为索勋，其后一人为其子承勋，索氏父子题名结衔作：

敕归义军节度沙瓜伊西等州管内观察处置押蕃落营田诸使定□军检校吏部尚书兼御史大夫钜鹿郡开国公食邑贰阡户实封二百户赐紫金鱼袋上柱国索勋一心供养
　　男故……检校……守沙州长史兼御史中丞承勋一心供养

索勋父子官勋结衔可以补《索公纪德碑》之阙。又 $\frac{P167}{C155}$ 号窟亦索勋时所开。门洞南北壁俱绘男供养人像。北壁自西至东第一人为张承奉，承奉后为李弘定；南壁自西至东第一人为索勋，勋后为李弘谏。兹分录诸人题名结衔如次：

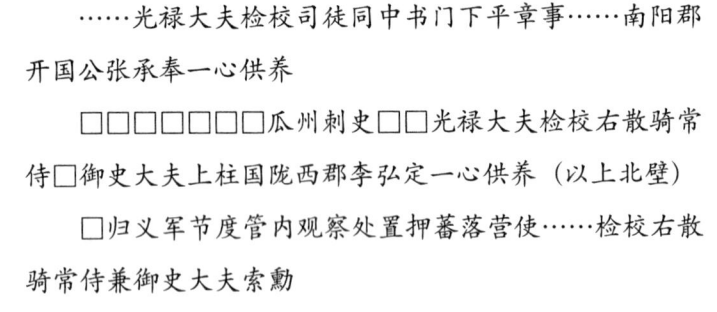

　　……光禄大夫检校司徒同中书门下平章事……南阳郡开国公张承奉一心供养

　　　□□□□□□瓜州刺史□□光禄大夫检校右散骑常侍□御史大夫上柱国陇西郡李弘定一心供养（以上北壁）

　　　□归义军节度管内观察处置押蕃落营使……检校右散骑常侍兼御史大夫索勋

　　　朝散大夫沙州□军使银青光禄大夫检校左散骑常侍兼御史大夫上柱国陇西郡李弘谏一心供养（以上南壁）

莫高窟诸窟绘供养人像，自魏隋以至李唐中叶，大都男供养人像居北，女供养人像居南。诸窟俱东向，是即上左也。瓜沙诸州陷于吐蕃以后，以迄于宋，所绘供养人像之位置，男南女北，与魏隋李唐互易其次，变而上右。① $\frac{P167}{C155}$ 号窟门洞供养人像以张承奉居北，索勋居南，揆诸当时之例，似有尊卑之别，然议潮子孙初未芟除净尽，索勋且引以为副贰，则固可知也。

《旧唐书》卷二十上《昭宗纪》光化三年有授张承奉归义军节度使，文云：

> 八月己巳制：前归义军节度副使权知兵马留后银青光禄大夫检校国子祭酒监察御史上柱国张承奉为检校左散骑常侍兼沙州刺史御史大夫充归义军节度瓜沙伊西等州观察处置押蕃落等使。

---

① 钱大昕《十驾斋养新录》卷十左右条云："唐宋左右仆射、左右丞相、左右丞皆以左为上，元左右丞相、左右丞则以右为上。科场蒙古、色目人称右榜，汉人、南人称左榜，亦用为上也。明六部左右侍郎、左右都御史、左右给事中、左右布政使仍以左为上。"今案若以尚书省为例，则上左之风江左北朝即已如此，其来甚旧。晋制尚书令阙，则以仆射为省主，大驾卤簿亦尚书令在左，仆射在右。萧梁之制同于典午。此案之《晋书·职官志》、《隋书·百官志》而可知者也。《隋书·百官志》又纪炀帝改制，左光禄大夫为正二品禄七百石，右光禄大夫为从二品禄六百石。前夫此者则元魏广平王元飞龙自右光禄大夫迁左光禄大夫（《魏书》卷十六《飞龙传》），临淮王元孚自尚书右丞迁左丞（《魏书》卷十八《孚传》），是皆以左为上也。然上左本为匈奴之俗。《史记》卷一百十《匈奴列传》云："匈奴谓贤曰屠耆，故常以太子为左屠耆王自如。"又曰："其坐长左而北乡。"《正义》曰："其座北向，长者在左以左为尊也。"《汉书》卷九十四《匈奴传》文与《史记》同，颜师古注曰："坐者以左为尊。"古者居室南向，升降之仪主自东阶，宾自西阶，西即右也。故或以上左为胡化。《魏书》卷二十《齐郡王简传》，高祖尝与简俱朝文明太后于皇信堂，简居帝之右，行家人礼。孝文锐意汉化，此所谓行家人礼，或亦遵循中国古制耳。莫高窟东向，以北为左以南为右。魏、隋、李唐诸窟供养人像大都男居北，女居南。如云为胡化则何以晋亦上左？吐蕃与元又复上右？是左右之上，因时不同，当别有故，不尽可以胡汉文化释之也。姑揭所疑于此，以待通识教正！

大顺元年淮深兄弟殒毙。索勋夺取政权以后，更二年是为景福元年，朝命始以勋为归义军节度使，其时或即以张承奉为节度副使莫高窟 $\frac{P167}{C155}$ 号窟张承奉题名结衔之所残阙或者即《旧唐书·昭宗纪》之节度副使诸官勋耳。景福元年索勋受朝命以后，何时沙州即起政变，今无可考；疑最迟亦当在景福二年至乾宁元年（公元八九三—八九四年）之间。李氏发动政变，结果索勋被杀，而继勋为归义军节度使者即张承奉。伦敦藏石室本 S.4470 号卷子，一面为乾宁二年（公元八九五年）三月初十日归义军节度使张承奉及节度副使李弘愿施物疏；又 S.2263 号卷子为乾宁三年（公元八九六年）归义军节度押衙张忠贤所撰墓志铭，文中有归义军节度使南阳张公讳承奉之语，[1]凡此皆在光化三年以前，而乾宁二年且即作于《李氏再修功德记》之明年。则《再修功德记》所云之"重光嗣子，再整遗孙"，以及"义立侄男"云云，固舍承奉莫属矣。光化三年制授承奉为节度使，亦不过事后之追认而已。自此以后，李氏则弘愿为沙州刺史，兼节度副使，弘定充瓜州刺史，弘谏为甘州刺史；分茅裂土，以酬戡定之庸。究其实不过索、李二姓互争政权，同属懿亲而相残杀。李之所以异于索者以节度使之虚衔还之张氏，而自居其实位而已。然其事终有不可掩者，《李氏再修功德记》之隐约其辞，未著索勋姓名者，毋亦有所愧欤！

承奉既为节度使，至哀帝天祐二年（公元九〇五年）遂自立为白衣天子，建号西汉金山国。莫高窟 $\frac{P51}{C283}$ 号窟内门楣上有敦煌龙

---

[1] 参看 L.Giles, op.cit., pp.567–568。

兴寺沙门明□撰《□佛赞文》并《序》，末署"（上阙）岁次癸亥二月壬寅朔（下阙）"，癸亥盖昭宗之天复三年（公元九〇三年）也。①《□佛赞文》中有"愿我河西观□□置……节度使张公"云云之语，所谓节度使张公自属指张承奉而言。至天复末承奉犹以河西节度使奉唐正朔。天祐以后王室不振，秦失其鹿，于是承奉亦据有西陲一隅之地，建号称帝，以与中原群雄抗争。然终唐之世，始终不贰，亦可谓不忝祖德也。自天祐三年至后梁太祖乾化元年（公元九〇六—九一一年）之间，金山国曾数拒回鹘入寇。乾化元年回鹘可汗弟狄银率兵逼沙州，承奉力屈势穷，卒为城下之盟，相结为父子之国。承奉之卒大约在后梁末帝贞明五、六年间（公元九一九—九二〇年）。金山国事具详王重民先生所作《金山国坠事零拾》一文，兹不赘。②承奉称帝以后，就石室所出诸史料观之，李氏诸子之名未尝一见，此亦事之不可解者也。据淮深《墓志》，淮深六子，疑俱殒毙，《功德记》谓再整遗孙，义立侄男，则承奉乃与张延绶诸人同其行辈，究为何人之子，不可考矣！张氏自议潮于大中初复沙州至贞明中凡历三世七十年，而后由曹氏继长州事。

民国三十七年十二月二十五日改定于北平向达谨记

（见《辽海引年集》页八五—九三。）

---

① 据陈援庵先生《二十史朔闰表》，唐昭宗天复三年岁次癸亥二月癸卯朔，较此所纪后一日。唐末敦煌日历其朔闰与月之大小建，往往与中原互异，《东方杂志》三十四卷第九号王重民先生《敦煌本历日之研究》一文述此綦详，可以参看。
② 王重民先生《金山国坠事零拾》见《国立北平图书馆馆刊》九卷六号页五至三二。

西域见闻琐记

一 叙 言

1951年到新疆，从乌鲁木齐向南，过达坂城，沿着天山南麓西行。到阿克苏以后，西南越过一片大戈壁，经喀什、莎车、叶城、和阗，最后到昆仑山北麓的洛浦县为止。归途至吐鲁番一游。一个来回，为程五千公里。仅在新疆一区之内，就作了万里之行，不能不称为壮举，可见祖国之伟大了！

这一次来去匆匆，但沿途经过不少古代遗迹，看了一些古石窟寺之类。虽是走马观花，并且多半是一些残山賸水，而其所余一鳞片爪，犹复精光射人，往往使看者欣赏赞叹，徘徊不忍去！自1951年至今，忽忽十余年，渐有往事如烟之感。因将当时所看到的、想到的若干问题，写成札记，以备遗忘，并借以求教于海内专家！

二 耿恭台与疏勒城

南疆喀什市的疏附城东北隅有一座耿恭台。台后流泉四涌，杨柳成荫，风景清幽，为一游观胜地。台上高楼耸立，正梁上有清光绪二十三年（1897）知疏附县事湘乡刘兆松重修的题记。可见耿恭台的修建，一定是相当古老的了。

既名为耿恭台，应是纪念汉明帝永平十八年（75）耿恭守疏勒城以拒匈奴的故事。可是耿恭所守的疏勒城，是否就是现在的疏附城，或者疏附、疏勒一带呢？

耿恭事，见于《后汉书》卷四十九《耿恭传》。传纪耿恭于永平十七年（74）为西域戊己校尉，屯车师后王部的金蒲城，同时谒者关宠亦为戊己校尉，屯车师前王柳中城。金蒲一作金满，地在今吉木萨尔，旧作济木萨。柳中在今鄯善之鲁克沁一带。永平十八年三月，匈奴北单于遣左鹿蠡王击车师，攻金蒲城，不克，解围去。恭以疏勒城傍有涧水，可以固守，乃引兵据之。七月，匈奴兵又来攻疏勒城，拥绝涧水。恭于城中穿井，水泉奔出，匈奴知不可克，因而引去。永平十八年，明帝逝世，车师叛汉，与匈奴共攻恭，又为恭所败。其时，屯驻柳中的关宠也为匈奴所围。汉章帝建初元年（76）正月，汉遣征西将军耿秉屯酒泉，以秦彭、王蒙、皇甫援等发张掖、酒泉、敦煌及鄯善兵七千余人，往援关宠、耿恭。关宠已殁，仅把耿恭从疏勒城救出来。耿恭等发疏勒时尚有二十六人，三月至玉门，唯余十三人。这是耿恭坚守疏勒的故事。

《后汉书》卷七十七《班超传》也纪到班超守疏勒事。汉章帝建初三年（78），班超在疏勒，想一举平定龟兹，因上疏请兵。疏语有云，"自孤守疏勒，于今五载"。从建初三年上溯五年为明帝永平十七年（74）。永平十七年以后班超也曾坚守疏勒。班超和耿恭，同时都守过疏勒。而一则守疏勒以拒龟兹、姑墨，一则守疏勒以拒匈奴。显然二人所守的疏勒，乃是同名异地：一在天山以北，一在葱岭之东。所以徐松在他的《汉书西域传补注》卷上疏勒国条王治疏勒城句下注云，"后书耿恭传之疏勒城，非疏勒国也"。也就是说耿恭所守的疏勒城，在天山以北今吉木萨尔附近；班超所守的疏勒，在天山以南葱岭东面今喀什市境内。

耿恭的疏勒城城址，今无可考，但应在吉木萨尔附近，相距不远之处，将来的考古发掘，也许能解决这一问题。总之，耿恭没有到过今喀什市境内。疏附的耿恭台出于后人好事者的附会。它不是历史纪念物，但仍不失为疏附一游观胜地！

三　面衣别解

近年吐鲁番墓葬中发见死者以布复面，《文物》1960年第六期和1961年第六期上，新疆维吾尔自治区博物馆和武伯纶先生都定为面衣，旁征博引，可以确然无疑。但是唐代生人也用面衣，两者却未提到。唐沙门慧立《大慈恩寺三藏法师传》卷一，纪载玄奘法师到高昌后，由此西行，高昌王麴文泰为法师打发盘缠，制备行装，计有黄金一百两、银钱三万、绫及绢等五百匹，充法师往返二十年所用之资。又说：

"以西土多寒，又造面衣、手衣、靴、袜等各数事。"

因为法师西行，要跻越雪山，故另造面衣、手衣等，作为御寒之具。手衣当和今天的手套相似。这里的面衣，虽和死人复面所用的布名称相同，但此为生人所用以御严寒者，其质料、形式，当与死人复面之布大有不同。西域地方备冬季旅行用的保护手、足、头面之具，如手衣、面衣之类，应该渊源甚古，惜别无可考。兹聊举《慈恩传》一则，以供谈助。

四　龟兹国之东西昭怙釐

唐太宗贞观初，玄奘法师自高昌西行赴印度，首经今焉耆，自焉耆至今库车。库车在汉唐时代为龟兹国。玄奘在《大唐西域记》卷一称龟兹为屈支国。并纪载到龟兹的佛教和一些寺院。《西域记》里提到两座有名的伽蓝，文曰：

"荒城北四十余里，接山阿，隔一河水，有二伽蓝，同名昭怙釐，而东西随称。佛像庄饰，殆越人工，僧徒清肃，诚为勤励，东昭怙釐佛堂中有玉石，面广二尺余，色带黄白，状如海蛤，其上有佛足履之迹，长尺有八寸，广余六寸矣。或有斋日，照烛光明。"

这里的东西昭怙釐，即为《梁高僧传》卷二《鸠摩罗什传》中的雀梨大寺，也就是《水经注》卷二所引道安《西域记》中的雀离大寺。道安记云：

"龟兹国北四十里，山上有寺，名雀离大清净。"

五世纪初的雀梨大寺，经历了两百多年，到唐初玄奘法师西行，犹然"佛像庄饰，殆越人工"！真可称为精刹名蓝，光辉如新了。雀梨、雀离、昭怙釐，只是同名异译。

玄奘所纪的东西昭怙釐，我以为遗址在今库车西南，书上称为渭干河的河口，今名库木吐喇的地方。渭干河流至此，以前设有闸门，作为下游分水之用。河口东岸，一道山脉自拜城的赫色尔沿着渭干河南下，到河口东岸戛然而止。在山头上遥望西岸，有一大遗址，围墙尚很清楚，围墙之内一大窣堵波翼然高耸。此外还有一些断壁颓垣，点缀其间。当时以水势很大，无渡河工具，不能过河细看。东岸山头上下，也有遗址，没有西岸那样清楚完整。

东岸沿山有路，由此往北，缘山凿有石窟，历落上下，如蜂房，如鸽舍，最后是五大间石室。石窟数目不下几百。现在所有石窟的壁画和塑像，都已破坏不堪，支离破碎，令人痛惜不置。这大部分是本世纪初，那些帝国主义文化强盗的"德政"！虽然如此，就偶尔残存的一鳞片爪看来，不少是唐代的艺术遗存，还可以仿佛当时之盛。由此上溯，可抵拜城的赫色尔石窟。赫色尔石窟保存得比库木吐喇为好。遥想唐时候，这一带的石窟寺和河口东西两岸的寺院互相配合，成为一个完整的体系。崇信佛教的人至此，当无异于巡礼灵山，所以能博得玄奘的顶礼赞叹！

关于这一遗址的比定，首先得确定古龟兹都城的所在。我疑心汉唐间古龟兹的都城，即是《西域载》所说的荒城。此城荒废，玄奘说是由于金花王引构突厥所致。金花王在古龟兹文中作Swarnate，梵文还原作Suvarnapuspa，亦即《新唐书·龟兹传》中之苏伐勃駃，其人死于高祖初年。故《西域记》云"近代有王，号曰金花"也。则此城之废，亦不过在隋唐之际，距玄奘之至龟兹，为时不久。其遗址可能在今日库车以南的新和。从新和北行微偏东至渭干河口，与《西域记》所记里程、方向，也大致符合。

有的同志不同意我的说法。我只算是提出一个意见，以供关心此事者参考。尚待以后对龟兹古代的历史，作更详细的发掘，始能确定。

五 热海道小考

玄奘法师自高昌出发西行，经过今焉耆、库车。由库车至今哈喇玉尔滚，然后折向西北，踰越唐名凌山今称木苏尔岭的天山隘口。自此山行四百余里，过大清池，一名热海。这就是今天地图上属于苏联中亚细亚吉尔吉斯苏维埃社会主义共和国的伊塞克库尔湖（Jssik-kul）。伊塞克义为热、温暖，库尔义为湖泊。这是常见于乌兹别克和吉尔吉斯语言中的名辞，可能源出于古突厥语。伊塞克库尔湖水微咸，严冬不冻，故有热海之名，"又谓咸海"。湖西有布阿姆峡口（Buam Pass），出峡口不远即为楚河，玄奘称为素叶水。渡素叶水，玄奘遵循着今吉尔吉斯山脉和塔拉斯山脉北麓西行，经过千泉、呾逻私城（今塔拉斯城附近）等地，进入今费尔干纳盆地，这一带是古代有名的大宛诸国所在之处。

通过伊塞克库尔湖的这一条路，是古代中西交通上一条最有名、最频繁的大道，今姑称之为热海道。热海东西长182公里，南北宽50公里以上，古代又有阗池之称。《汉书》卷七十《陈汤传》，纪陈汤于汉元帝建昭三年（公元前36）远征康居，袭杀郅支单于。陈汤与甘延寿引军分行，别为六校，三校从南道踰葱岭，经大宛。三校都护自将，发温宿国，从北道入赤谷，过乌孙，涉康居界，至阗池西。其中取北道的一支兵，就是走的热海道。唐玄宗天宝十年（751），高仙芝在怛罗斯（今塔拉斯）为大食所败。据杜环《经行记》所纪，高仙芝进兵，也是取的热海道。其后元代成吉思汗西征，丘处机西游见成吉思汗，往返都走这一条路。自汉至元，中西交通上的大事，大都经过这一条路，其重要可想而知。

走热海道的另一个问题，就是取道湖的北面或南面的问题。简单一点说，如其走今称为木素尔岭或冰达坂（一作冰岭）唐代称为凌山的这条路过天山，则一定要缘着湖的北面西行。如其从今温宿向西，经乌什，越过唐代称为勃达岭的一条路向西北行，自然要走湖的南面，然后出布阿姆峡口。玄奘法师踰越凌山，所以取道热海北面。杜环《经行记》纪载了勃达岭，说明高仙芝大军走这一条路西行，那就是说高仙芝和杜环是走热海南面的一条路。英国华特斯（T.Watters），以玄奘的凌山当作勃达岭，因而把玄奘西行路线画在热海南面。日本堀谦德即采华特斯之说。日本足立喜六纠正华、堀两家之非，把玄奘路线画在湖的北面，这是正确的。

六　河西新疆诸石窟寺所留帝国主义文化强盗的题名

1942—1943 年，曾访问过河西走廊的安西万佛峡和敦煌千佛洞。1951 年到新疆，东起吐鲁番，西至哈什市的小阿吐什，沿途的一些石窟，也匆匆地巡礼一番。看到六朝遗迹，隋唐名画，往往使人欢喜赞叹，不能自己！我对艺术是外行，可是看到这些艺术上的神品，连外行人也不能不为之心魂震动。

看了这些艺术遗存，想到近几十年来帝国主义的文化强盗，在河西和新疆一带所造成的破坏，又不胜其愤慨之情。1935 年在伦敦的中国艺展上，看到美国的华尔讷（L.Warner）用涂了胶水的竹布粘去的几幅敦煌壁画。这几幅粘去的画，已经起了变化，成为黑漆一团。1942 年到敦煌，在千佛洞找到华尔讷所粘去的原画的残余。1937年在柏林的民俗学博物馆里，看到勒柯克（von Le Coq）诸人在新疆库车和吐鲁番所剥离的壁画。1951年到新疆的库车和吐鲁番一带，凭吊了这些地方被剥离过的石窟。残破不堪，疮痍满目，愤慨之至。这都是那些自称为"文明人"干的好事！

这些帝国主义的文化强盗和他们的一些帮闲，盗窃文物，剥离壁画，还到处留名，表示得意。在安西万佛峡和库车的库木吐剌两处的石窟内，我就看到斯坦因的中文秘书蒋孝琬的题名。两处题名作蒋资生，资生是蒋孝琬的字。题名上并说是随侍英国教育大臣斯代诺云云，斯代诺今译作斯坦因。蒋孝琬所题，奴才相跃然纸上。敦煌千佛洞内还有日本吉川幸次郎的题名。吉川幸次郎是日本黑龙会重要人物大谷光瑞所组织的橘瑞超考察团的成员之一。

其中最可注意的一处是喀什市疏附西北三十里小阿吐什的千佛洞。小阿吐什千佛洞共存三个小洞。洞在路左峭壁上，接连了四张木梯，才勉强能爬进洞内。三洞甚小，成东西向，彼此通连，洞门北向。洞内壁画、塑像，荡然无余。壁上涂满了各种题名。汉文题名，始于清嘉庆十年（1805），皆当时伊犁、乌鲁木齐驻防的八旗军士。外国字题名有俄、英、法、德、日诸国人。其中如英国的斯坦因、法国的伯希和、德国的勒柯克、巴都斯（Herr Theodor Bartus）、日本的橘瑞超，都在这里留下了"芳名"。其中德国的巴都斯，就是在吐鲁番等处用钢锯割截剥离壁画的大专家。据说吐鲁番的柏孜克里克也有他的题名。这无异于二十世纪以来，帝国主义文化强盗在新疆进行文化掠夺的一本题名录，自己画的供状！值得保存，以供观览，并有教育意义。

1962年4月29日于北京

敦煌考古通信[*]

一九四二年

（一）

昭燏先生左右：

十八日目送"长远"下驶后上岸，始觉人生聚散靡常，惆怅无既。当日下午上"渝丰"轮，次晨离叙，夜宿泸县。廿日下午六时抵渝，即赴上清寺，见到王毅侯及陶、梁诸公。今晨接到通知谓：廿三日可以飞兰。拟明晨赴沙坪坝一行，应办之事，匆匆了结，一切只有到西北后再说。全君汉昇大约于十月间返李庄，托带短书数册，即以奉赠。所抄《人间词》，书写恶劣，句读错误，亦无暇更正，聊供左右之一笑而已。舍下在李，敬祈推屋乌之爱，曲予庇护训诲，感盼之至。到西北后，并望不遗在远，时赐教言，下情祷祝。孟真先生处，俟到兰后再详细函告。左右见到时乞先为致意，幸甚！

---

[*] 此为向达先生 1942—1943 年在敦煌考察期间与友人曾昭燏先生的一组通信。曾发表于南京师院《文教资料简报》总第 107、108 期。

幸甚！匆匆即叩

著安，并祝

珍重

向达载拜　九月廿一夜

今日清晨在沙坪坝会到大缜、大䌹两先生，精神甚佳，堪以告慰。至于舍下将来是否迁居镇上，还恳左右代为斟酌。琐屑劳渎，五衷感荷！

廿二日又上

（二）

昭燏先生左右：

廿二日在渝曾发一函，想荷察及。廿三日因飞机未能起飞，耽搁一日，遂往访大纲兄，纵谈甚欢。晚间同大纲兄往谒其太夫人，并见到令妹，候大维先生未归，怅然而返。廿四日仍未能成行，连日阴雨，无聊之至。廿五日午刻，始自渝起飞，下午四时，安抵兰州，堪以告慰。自上空下窥，甘蜀两省，似以秦岭为其大限。蜀省重岭叠嶂，青翠扑人；一入甘境，便是黄土地带，俨然塞外风光。兰州城外，满目荒凉，城内市容，甚为整洁。中山先生以兰州为沿海区与内陆区之交点，诚有所见也。此地水果绝佳，菜蔬亦好，冬季与北平不相上下。在平时不失为一居住佳地，唯近来物价上涨，与重庆不过伯仲之间，未免有居大不易之感耳。劳、石二君有信来，敦煌工作大致告一段落，留抄题记一事，待达结束。彼等折往居延，从事发掘。二君盛意，颇可感激。达拟在此稍稍准备过冬用具，并参观私人所藏敦煌遗物及附近古迹，然后西行，独游河西一带，至敦煌留月余日，即行东归。所注重者，仍在将来考古工作之可能程度，以及工作站地点之选择诸项，希望于此等事能稍献刍荛。若云发见，则只有另待高明矣。不识左右将何以教我？达西行之期，大约在十月初，到敦煌恐须在十月下旬，如荷赐教，请迳寄甘肃敦煌转千佛洞达收。航快半月可到，平信则不知何日矣。孟真先生处，稍迟当去函告知一切，见到时便乞先为致声，感荷感荷。率陈，不尽所怀，即颂

著安

向运载拜上自兰州　九月廿六夜

天木兄托带挽对，已请人送去，乞转告释念为幸

（三）

昭燏先生著席：

抵兰后曾上一函。想已登记室矣。十月一日有便车赴河西，是否能去，明晚即可决定。参观兰州私人收藏一事，因无有力者介绍，颇为不易，拟俟河西漫游归来后，再作计较。廿七日阅市，在一旧书铺中收到回鹘字刊本残书十余叶，亦是敦煌遗物，不知如何归入估人之手（全部计费四百元）。敦煌所出回鹘文书，大部分散英法两国，北平图书馆收拾丛残，为数寥寥。今兹所得，在国内或可推为甲观矣。居兰数日，寂寞之至，唯此事可以稍快旅怀耳。率此上闻，即颂

著安

向达拜启　九月廿九夜

（四）

昭燏先生著席：

　　抵兰后曾上一函，想荷察及矣。尊恙近日复发否？深以为念。大难未已，伏维珍重，下情祷祝。达于一日附水利林牧公司经理沈君怡先生车西行，当日抵武威，次日休息一日，凭吊罗什、大云、清应诸寺，参观民教馆所藏凉州出土墓志、明器之属。三日晨发武威，暮抵张掖，预计停一日，五日赴酒泉。近日言西北者，有里外之分，而以乌稍岭为其界限，外西北即所谓河西四郡也。越岭而西，平川大野，一望无际，南北束以祁连山及北山。武威、张掖一带，泉多水富，树木茂密，秋林黄叶，俨然图画。自来有"金张掖，银武威"之称，诚非虚语。惜经咸、同兵燹，至今未尽恢复，沿途废堡残垒，断壁颓垣，极目皆是。益以荒原石碛，靡觉凄楚。山丹附近驿路，尚有左公柳迤逦成行，合抱参天，余处斫伐殆尽。缅怀前贤，感慨无既。前年一百师在张掖附近修筑公路，发见古城遗址一座，当地俱谓系黑水国故基。其言是否，旅次无可稽考。唯在武威民教馆见到张掖古城出土瓦器一件，其上墨书题记云："天禧三年三月廿四日，众社等廿六人重发誓愿，于此造塔子一所，不得别人安生搅扰。如若有此之徒，愿生生莫逢好事者。"案天禧年号，辽、宋俱有之。宋代版图，似不及河西，则此或系辽代遗址，亦未可知。手头无书可查，幸左右为一决之。凉州出土大长弘化公主及青海王墓志，并附泥俑、磁尊，皆是武后时物。磁尊白色，釉彩极佳，完好无缺。言唐磁者，率推越窑，在开、天之际，此又早于越窑，盖中国陶磁史上之一珍品也。河西考古工作，只就三日来见闻言之，似有可为。如六朝时之凉州石窟寺，自来不知所在，日昨在武威，以此询民教馆中人，谓：古浪武威间张义堡南祁连山中尚有大佛寺一，小小雕像亦复不少。如能详细调查，一决斯疑，或者可为敦煌与云冈增一连系，对于中国佛教美术史之研究，当有所发明也。又如武威，古为月氏姑臧城地，今武威东北数里，尚有古城遗址，诚能得其故处，是亦大月氏研究上之一新发见也。河西类此者，尚不计其数，唯须有人能在此作长期考察与发掘工作耳。至于西北穷苦，并不如传言之甚。武威、张掖生活低廉（米斤三元，面一元半，肉三元，羊肉二元）。气候亦不甚冷（十六年地震以后，武威天气转暖，前昨两日，武威晨间华氏五十八度，日中以后六十四度，张掖较暖，今日六十六度）。酒泉生活较高，以视兰州、四川尚远不及。就生活而论，诚避秦之桃源也。左右与作民兄其亦有意乎？傅、李二公，想已联袂赴渝矣。昨日在武威曾发一函，略告行踪。劳、石二君，约于九月廿四、五间结束敦煌工作。后日达赴酒泉，如能晤见，当与之同往居延。如赶不上，则仍去敦煌一行，以了宿愿。匆此上闻，不尽一一。即颂

著安

向达再拜上自张掖旅次　十月三日灯下

天木兄并祈代候。子衡先生托寄之函，已付邮矣。恳转告为幸。

（五）

昭燏先生左右：

四日在张掖曾发一函。五日自张掖继续西行三十里，即黑水国

故城，现已荡然无存。一百师拆城砖铺路，长达十里，可叹之至！下午四时抵酒泉，即赴酒泉测候所打听，则劳、石二君已于一星期前赴金塔、毛目一带，地理组于三日前西去，为之怅然。现决定仍乘原车于明日去安西，大约九、十日左右可抵敦煌。劳、石二君处，姑发一函至毛目一带探交，告以大概。至于在敦煌停留久暂，俟到后看情形而定，大概不会太长也。张掖以西荒凉之概，与时俱增，沙丘石碛，一望无际，既乏水草，复鲜人烟，西行至此，始有塞外之感。张掖、酒泉城垣甚为整齐，唯酒泉市面不如张掖，更不及武威，而物价之高，不止一倍（武威、张掖米每斤三元左右，肉三元，羊肉二元；酒泉米六、七元，肉六元，日用诸物，比武威、张掖俱贵）。以油矿局在此，工人招雇，亦甚不易。将来如设工作站，张掖、酒泉二者之间，恐尚须仔细斟酌也。玉门油矿，拟于东归时再去参观。玉门所产汽油，官价三十元一加仑，煤油约一百元左右一桶。最近所出汽油，虽尚含有少许煤油柴油蜡质，已着实可用（每加仑可驶八公里左右）。再加精炼即可不逊于美、俄所出。现每日出油量达三万五千加仑。新近所辟第八号井，产量尤为丰富，以可用之锅炉，只有八具，第八号井供之即有余裕，故目前已将八号井塞住。月前因油产过多，汽油库不够，不得已将存储煤油五万加仑之油库全部煤油泄去，易储汽油，其丰富可想而知。现在油桶奇缺，交通不便，若此二事能设法解决，则前途希望甚大。此亦西行所闻最可令人兴奋之一事也。率闻，不尽一一，即颂

著安

向达拜启　十月七日

四日所发函中，"弥觉凄楚"，"弥"误书作"靡"。见笑大

方，惭愧惭愧！

（六）

昭燏先生著席：

　　五日抵酒泉，七日曾发一函，略告行踪。酒泉无可观览，所谓"酒泉"，即在东门外约一里，曾一往游，清泉一泓而已，掬饮并无酒味。尽信书不如无书，此之谓也。八日晨发酒泉，五十里嘉峪关，车路距关尚二三里。关外沙碛石砾遍地，是为戈壁。玉门以西，尤其荒凉。车路沿苏勒河北岸，长城废塞，迤逦不绝，大约皆汉代遗迹也。下午四时抵安西，宿飞机场。窗外戈壁，直抵山麓，荒凉之概，可想而知。机场即在安西废城南面。废城面西城垣，二百年来为西北风所蚀，已裂成缺口十余道。安西风力之猛，于此可见。九日晨发安西。沿南山北麓向西南行戈壁中，七十里瓜州口，七十里甜水井（旧名苦水井，汉悬泉即在其南十余里），七十里疙瘩井，俱不过一二家，败壁颓垣，冷落不堪。途中时见黄羊，三五成群，差足为荒漠中添少许生意。又七十里敦煌，林木茂密，水泉甘美，产棉及瓜果。甜瓜之佳，不让哈密。下午二时抵敦煌城，进餐后即偕同行诸君骑马赴千佛洞。地在城东南四十里，中隔沙丘戈壁。四时半启行，晚八时抵千佛洞。泉声淙淙，白杨夹道交荫，恍若行韬光、云栖道中。即宿中寺（今名雷音禅林）。中庭大树合抱，宿处房舍新建，甚为清洁。沙漠中有此，真疑身在武陵源矣！数年来梦寐怀想之处，一旦亲履其地，反觉心中有空洞茫漠之感。岂此为一定必经之境界耶？次晨陪同行诸君匆匆一览，浼教部艺术文物考察团卢君为导。六朝诸窟，素朴庄严，李唐诸窟，雍容华丽。唐窟诸供养女像最佳，面容丰满，仪态万方，几欲拜倒，真可称为国宝！唯风水剥蚀，流沙壅塞，洞窟淹没者，与年俱增，保护之举，正不宜缓耳。今日进城送同行诸君东归，明晨仍返千佛洞。考察团地理组亦于数日前抵敦煌，昨日在千佛洞相晤甚欢，更三数日拟同往阳关一看，往复需时一周。回敦煌后，地理组自此返渝。达独留千佛洞住一两月再作计较。张大千亦已会到，此君住千佛洞年余，雇十余人为之描画，于壁画年代推究，不无可取之处，并发见唐人书壁莫高窟记，及上元二年画工题记，皆可贵也。秋意日深，诸维

珍重，下情毋任祷祝。

　　　　　　　　　向达载拜上自敦煌　十月十一日灯下

致刘士能先生一函，便恳转致，感荷感荷。

济之先生想已赴渝矣。天木、子衡诸先生并乞道念。

（七）

昭熵先生史席：

　　九日抵敦煌，十二日曾上一函，想可登记室矣。十二日午，即自敦煌返千佛洞，两日来泛览全局，然后再图逐洞纪录。日内拟先同地理组往阳关一行。正式工作，须俟阳关归来以后也。昨日在伯希和编第六号洞中，见大虫皮康公之女修行颖悟云云题记一行，今日又在第七十一号洞中，见二金刚力士塑像，背亦披大虫皮。二洞皆吐蕃据有沙州时所凿，因思《蛮书》记南蛮条教及德化碑皆有披大虫皮之语，则南诏此制，盖沿袭吐蕃之旧。据《大番故敦煌郡莫高窟阴处士公修功德记》，阴嘉政之弟嘉珍，为大蕃瓜州节度行军并沙州三部落仓曹及支计等使。仓曹亦南诏官名。吐蕃之影响于南诏

者，恐不下于李唐也。此间唐代诸窟所绘女供养人，头饰甚为繁复，面额贴有花钿，口角处间绘鸥鸟一对。张大千谓：唐人诗有"醉鸥"之辞，却亦不能举其出处。日本原田淑人曾作《唐代女子化妆考》一文，见于日本《史学杂志》第九编（大概是此编，请一查史语所所藏总目），收罗唐人记载不少。今拟拜请左右将原田氏此文所收资料抄出，从邮赐寄，藉资参考，感荷之至。不情之请，尚祈谅之，率陈，即颂
著祺

     向达百拜上自敦煌莫高窟　十月十四日

  晚间张大千来谓：北湖所收抚之哈萨，最近叛变。敦煌已派兵往堵，是否影响千佛洞工作及南湖之行，则不得而知矣。觉明又渎

（八）

昭燏先生著席：

  十六日曾发一函，当日自千佛洞进城，次日偕地理组同人及教育部艺术文物考察团一卢君雇大车赴南湖，七十里宿南湖店。戈壁荒滩中，破屋三间，幸有党河流水之声，稍破岑寂耳。次晨发南湖店，行五里即西千佛洞，前人从无述及此地者，最近张大千到此，始渐喧腾人口。洞在党河北岸，峭壁耸立，质为砾岩，多已崩塌。尚存十五窟，可以攀跻者九窟。壁画十九完好，纯是北朝遗物。佛像古拙可爱，供养人男俱胡服，女披肩巾，人各异态，婀娜生姿，其飞动之势，不下于莫高窟诸唐画供养人像。一窟中供养人发愿文尚有比丘昙藏、比丘尼惠密诸名可识。字是北朝气味，甚佳。是晨匆匆一看，即复西行。沿途戈壁沙丘，迤逦不绝，草木生物，杳不

可见。将近南湖，是为古寿昌县，城郭遗迹，历历可睹。下午四时抵南湖，为祁连山麓一沙漠田。南北十五里，东西约三四里，住民千余，回回、缠头、蒙古、汉人俱备。十九晨乘马赴南湖西面之古董滩，沙丘林立，其中陶片遍地皆是，绳纹者甚多。同行卢君拾得铜铗一枚，形制约同今日之烫发夹而小，遍体翠绿。地理组吴君拾得残带钩一具，又锈铁块不少。是否为一石器时代遗址，抑系汉唐废城，俱不得而知。自古董滩北行约五里，为红山口，流泉清澈，垂柳四映，沙山黄叶，别有风味。出红山口十里为水尾，居民十余家，种瓜为业。自此以北以西，一片大漠，遥望无际，北达玉门，西通新疆，古代西行，取南道者所必经也。自水尾向东南行约十余里，为寿昌故城，其中有光绪时敦煌县令汪宗翰所立"古阳关"一碑。阳关是否即属此地，尚待详考也。南湖为甘肃最西之一沙漠田，为敦煌之门户，扼南疆之咽喉，一旦西陲有事，此为必争之地。而水草丰美，畜牧垦殖俱宜。若能在此屯田，不失为国际上之一要图。当夜自南湖东归，月华如水，风利如刀，车行沙漠中，万籁无声，静穆之至。廿日晨四时抵南湖店，九时复至西千佛洞一游，瞻礼北朝遗迹，徘徊不忍去。洞上戈壁中二土塔，俱已倒塌。塔是天竺形式，现存六朝古塔中之可以称道者也。下午自南湖店启行，晚八时抵敦煌。自南湖至敦煌，一百四十里，途中废城烽燧，到处可见。将来皆可发掘，非一览所可尽也。归后得王有三函，属为口候，今附陈一览。明日即返千佛洞。哈萨问题，已告平息。堪慰锦注，率陈，即颂

著祺。不一一

　　　　　　　　　向达载拜上自敦煌　十月廿二日

（九）

昭燏先生左右：

南湖归来后，曾上一函，略告游踪。比又奉十月八日赐教，真不啻空谷足音，欣慰之情，匪言可喻。入冬渐寒，伏维起居万福，下情不胜祷望之至。自上月廿三日归千佛洞，至今又将半月，诸窟流览，已得三分之一。最近骝先先生来电，嘱暂留此，不必亟返，西北工作，尚待继续，正拟明年计划云云。达拟在此再留三月，将千佛洞逐窟作一详细纪录，于每一窟之壁画塑像名目、保存情形、前人题记等一一备录，整理荿事，往安西万佛峡一游，再访布隆吉遗存洞窟，然后东归酒泉，以待后命。唯近日在此耳目闻见，深觉目前千佛洞最急迫之事，为收归国有，正式在此设立管理机关，此实为刻不容缓之举。盖张大千氏以一江湖画家，自去岁以来，举室迁居此间，雇用喇嘛四人，益以子侄学生之助，终日在此临摹北魏隋唐五代壁画。临画本是佳事，无可非议，而此辈对于壁画，任意勾勒，以便描摹，梯桌画架，即搁壁上，是否损及画面，毫不顾惜。并即以洞窟作为家人卧室，镇日上锁，观者裹足。而最足令人愤恨者，为任意剥离壁画一举。千佛洞各窟，往往有为北魏隋唐原开、经五代宋元人重修者。画面偶尔剥落破损，原来面目，暴露一二。张氏酷嗜北魏隋唐，遂大刀阔斧，将上层砍去。而后人重修时，十九将原画划破，以使灰泥易于粘着。故上层砍去后，所得者仍不过残山剩水，有时并此残山剩水而亦无之者。如张氏所编三〇二号窟，窟外经宋人重修，张氏将宋画剥去，现唐人所画二天王像，遂续将此窟门洞宋人所画一层毁去，下乃一无所有，而宋人画已破碎支离，不可收拾矣。诸如此类，不一而足。夫千佛洞乃先民精神所聚，为中国艺术上之瑰宝，是国家所有，非地方个人所得而私。张氏何人，彼有何权，竟视千佛洞若私产，任意破坏，至于此极？此而可忍孰不可忍！因以三日之力，写成《论敦煌千佛洞之管理研究以及其它连带的几个问题》一文，约近万言，主张将千佛洞收归国有，交由中央研究院或中央博物馆一类之学术机关管理，在此设立千佛洞管理所。对于研究千佛洞艺术应注意之点，亦略陈鄙见。千佛洞如不收归国有，设立管理机构，张氏在此更二三年，将毁坏殆尽，不可救药矣。文今随函附呈，伏恳左右为仔细斟酌，文辞主张如有不妥之处，即请痛加删正（第四段迹近蛇足，如觉不妥，可以完全删去，将题目稍为改正。文中有数处，亦行删去。一切请不必客气，予以教正为感为幸），交孟真、济之两先生一看。如觉可用，请找人另抄一份，一寄重庆《大公报》，一寄昆明《云南日报》，能在十二月二十五日全国美展前后发表更佳。希望能引起社会注意，使千佛洞收归国有，托付有人，不致竟葬送于妄人之手，岂不幸甚！（用真名或"方回"笔名发表，请代为斟酌。并请孟真先生函介《大公报》。）离川时本自约不写一字有关敦煌文章。此是宣传文字，与作研究论文不同。左右或不致笑其出尔反尔也。关于研究院寄滇二千元事，承告济之、孟真两先生盛意，感激之至。毅侯先生为人，达虽未深知，然曾与育伊兄有同事之雅，分属前辈，岂容有所误会。近来在此，微有所悟，以为河西四郡与千佛洞萦诸梦寐，已历年所。七月间举室入川，倾家荡产，在所不惜，所为者即此一事。今竟得酬素愿，朝夕晤对古人，自视此身，已同尘土，何况区区身外之物。请告孟真、济之两先生，此事不必再提。方命之处，并祈宥谅。幸甚幸甚。舍下诸承嘘咈，衷心铭感。启示种种，具征高谊，冒昧云云，未免言重，所不敢当也。此间气候，早晚已达摄氏零度，唯尚可忍耐，不碍工作，乞释注念。谨此上复，不尽觇缕。即叩
著安

向达载拜上自敦煌莫高窟　十一月五日

上　孟真、济之先生一函，便恳转致。感荷感荷。

附：致李济、傅斯年书

济之、孟真两先生侍右：

自兰州西行以后，途中曾发短函，略告行踪，唯以行旅匆匆，苦未能尽。兹谨综合月来经过，觇缕上陈，聊当报告，伏祈察鉴，幸甚幸甚。

九月三十日与甘肃水利林牧公司接洽妥当，附公司经理沈君怡先生车西行。十月一日晨八时发兰州，薄暮抵武威。次日在武威停一日，往看大云、清应诸寺。民十六地震，两寺全毁，所余不过断瓦颓垣，两塔亦倾圮过半。民众教育馆在文庙内，西夏碑以及南山所出唐墓志十余方，俱在馆内。曾托馆长王君，觅人各拓二份。并见青海王墓所出二磁尊，武后时物，釉色佳绝，形制亦雅，中国陶磁史上珍品也。三日晨发武威，暮达张掖。四日复在张掖留一日。张掖一无可观，所谓卧佛寺、西来寺，皆明清两代所建。四日曾往游城外天主堂果园，晤德籍神甫常德辅，询知元代甘州路十字寺，约略在今城隍庙。是日复在城内一小摊上得西夏钱一枚。所获者如此而已。唯武威、张掖，流泉淙淙，阡陌纵横，有似江南，此则西

来所不及料者耳。五日发张掖，下午四时抵酒泉。君怡先生以须察看酒泉水文情形，遂在此留两日。至后即往测候所询贞一、璋如二兄，则已于一星期前赴额济纳河。地理组李承三、吴印禅、周廷儒三君，亦于三日前西去。酒泉城郭无可游之地，无可购之物（日货充斥市面）。即有，亦视武威、张掖为昂。在此两日，唯补写日记、信件而已。八日发酒泉，九时半过嘉峪关。以公路距关城尚有三四里，未及登临。十二时半玉门尖，一时半继续西行。公路沿疏勒河北岸，沿途荒碛大漠，遥天无际。而古城烽燧遗址，亦迤逦不绝，其中大都已见斯坦因地图。下午四时抵安西，宿飞机场，场在安西废城外。废城西垣为风裂成缺口十余，城内亦流沙湮塞，安西风力之猛，于此可见。九日晨发安西。安西、敦煌间公路尚未竣工。车沿三危山麓向西，微偏南。行戈壁中，尚不崎岖。途经瓜州口、甜水井、疙瘩井，俱未停。下午二时入敦煌城，往访县长陈冰谷先生，接洽一切。知地理组诸君，已于三日前抵此，即寓县政府，时适外出，未获晤见。草草进餐。五时左右，即偕君怡先生及同来诸人策马赴千佛洞，八时始达，寄寓中寺。贞一、璋如二兄，以前即寓此。十日上午陪君怡先生诸人参观各窟，下午地理组诸君亦来，相与长谈，约同游南湖。十一日，君怡先生及同来诸人东归，陪同进城，略购应用诸物。十二日独返千佛洞。十三至十五日泛览各洞。时李承三君因疾于十二日搭便车先返酒泉。十六日与吴、周二君及教育部艺术文物考察团卢善群君一同进城，准备往游南湖。十七日自敦煌雇大车西行七十里，宿南湖店。戈壁中破屋三间，供行旅住宿。一老者在此照应，形貌略似钟楼怪人。十八日晨发南湖店，五里即西千佛洞。地临党河北岸，绝壁临流，上凿洞窟。洞前白杨成列，略有田畴，与千佛洞相仿佛，唯稍小而已。西千佛洞今存十五窟，可以登临者九窟，余六窟俱在绝壁上，无由攀缘。十八日晨在此盘桓时许，二十日上午又在此徘徊半日。西千佛洞各窟大都北魏所开，壁画以及窟内中心座形式，与千佛洞大致相同，而更真率，时代或较敦煌者稍早。供养人题名有比丘昙藏、比丘尼惠密及女供养人田青等可识。艺术造诣上虽不及敦煌之博大精深，而在历史上却颇耐人寻思。此为斯坦因、伯希和游踪所未及者。十八日下午四时抵南湖，次晨策马游古铜滩、红山口、水尾、古寿昌城诸地。阳关遗址，聚讼纷纭，陶保廉氏谓应在红山口，揆诸形势，似乎近是。十九日下午六时，即驱车东归。廿日晨四时抵南湖店休息半日，往看西千佛洞。下午一时东行，晚八时返抵敦煌。吴、周二君留城候车东归（二君于一日搭便车赴安西）。卢君与达于廿三日返千佛洞。归后至今，又将半月，泛览诸窟，已毕三分之一。目前计划，拟普看三遍，将各窟壁画、塑像保存情形，供养人题识诸项，逐窟详予纪录。其中北魏、隋、唐、五代诸窟，供养人题识，明著年代者，往往有之。今即以此诸窟为尺度，藉以鉴别各窟年代及其异同。预计再有三月，可以蒇事。最近得骝先先生廿四日自渝来电，谓：西北工作，尚拟继续，正准备明年计划，属达留甘，勿遽返川云云。达拟俟敦煌工作，整理就绪，即赴安西，往访万佛峡。布隆吉传有洞窟，亦拟一看，然后东归酒泉，以待后命。明年计划如何，有何指示？并恳随时示知。感盼感盼。至于千佛洞目前最迫切之举，为亟应收归国有，交由学术机关负责管理，否则后悔无既。张大千氏以一江湖画家，盘据此间，已历年余，组合十余人，作临摹工作，任意勾勒原画，以便描摹，损坏画面，毫不顾惜。且以洞窟作为卧室，镇日关锁，游人裹足。尤其令人愤慨者，为擅自剥离壁画。张氏崇拜北魏、隋、唐，遂以为宋以下无一可取，凡属北魏、隋、唐原开而经宋元重修者，辄大刀阔斧，将宋元壁画砍去，以求发见隋、唐作品或年号、题识，唯日孜孜，若恐不及，似此更二三年，千佛洞遭罹浩劫，将不知伊于胡底矣！因以三日之力，写《论敦煌千佛洞的管理研究以及其他连带的几个问题》一文，亟论千佛洞有收归国有及设立管理机关之必要。于研究方面及其他问题，亦略陈鄙见，希望能引起舆论注意。文亦寄交曾昭燏先生，请其转陈求教。如以为尚有可采，拟恳孟真先生代为介绍，送登重庆《大公报》；另觅人重抄一份寄昆明《云南日报》（抄费若干，请从昆明寄达薪水中扣除）。以能在十二月廿五日全国美展开会前后刊登为最好。文中如有不妥，并祈赐予刊正，幸甚幸甚。重庆寄滇二千元事，亦承昭燏先生转达两先生盛意，极感殷勤。育伊兄与达有同事之雅，毅侯先生分属前辈，达绝不敢有所误会。毅侯先生已将借据收下认可，事成过去，两先生可以不必再提。方命之处，仍祈有以谅之。在兰时以制备行装等等，西行时款不够用，当向科学教育馆借二千元，方能成行。九月卅日曾发一电又一航快函，请毅侯先生将此款电汇兰州科学教育馆。月来未闻消息，是否照汇，不得而知。科学教育馆经费奇绌，希望不致因此累及友朋也，日昨敦煌县长陈冰谷先生至此，谓：敦煌近因征购粮食，市面面粉小麦顿形短缺，属为未雨绸缪。因即托其设法购存小麦一石，以备缓急（此间麦价每石五百六七十元至六百元，重四百斤）。所余款项，恐难维持至阴历年底。前数日曾迳电骝先生，请其汇款矣，祈释锦注为幸。此间温度，早晚已至摄氏零度，以燃料困

难，室内并未生火，唯尚能忍耐，不碍工作。谨此上闻，唯希垂察。即颂

道安

后学向达上自敦煌千佛洞　十一月五日

（十）

昭燏先生左右：

五日曾有一函，又文一篇，于十一日付邮，想可登记室矣。文中误字累累，又语意亦多重赘，可笑之处，务恳毫不客气，痛加删正。感荷感荷。舍下日前来函谓：萧君纶徽告语，史语所借垫生活费，不能太久，希望另筹办法云云。联大薪水，在昆明时本已同汤锡予、郑毅生诸人说好，以后按月汇川，今竟食言，不知何故。在兰州时，曾有函致汤先生提到此事，十一日又有一函致郑先生，并发一电问讯。今日寄孟真先生一函，附寄伯希和千佛洞笔记底片。函中及此，谓如联大汇款稽延，达愿将行前寄存史语所之抄本、照片等等，扫数让予史语所，藉作抵偿一部分垫款之用，作价若干，凭孟真先生估定，达毫不计较。万一孟真先生见到左右，说及此事，尚祈力为赞成，感荷无既。入川以还，能在史语所寄居，得免流离，已是万幸，岂可复以此等琐事带累友朋。卖书抵债，是读书人常事，想孟真先生必能谅之也。千佛洞生活，如止水不波，平静已极。九日，四十八师派兵一排，驻千佛洞下寺。十二日驻兵变去三分之二，凡二十一人。一时枪声四起，不知何事。达时适在洞中，目睹变兵迳趋南山，过中寺、上寺，不顾而去，并未劫掠，可云大幸。（兵士口粮，每日面粉一斤，今只发十二两。变兵过上寺时，对寺门观

望者曰：君等勿惊，我辈食不果腹，不得已变去云云。）次日城中派兵一排往追，至今尚无消息。（昨日有人谓：排长于兵变后率残余往追不获，畏罪已逃往青海矣。确否待证。）此亦止水中一微澜也。近又回复其寂静生活。左右可以释念。近日阅窟第一遍已蒇事，而以个人修养、准备俱嫌欠缺，只有慨叹而已。作民兄将来，仍以返川为是。西北工作，大有可为，正可于大漠中一显身手，何必老死牖下？左右寄书时，幸为转致下忱。率陈，不尽一一，即颂

著安

向达再拜上自莫高窟 十一月十七日

千佛洞壁画中，北魏、隋唐坐车甚多。将来得描图用透明纸，当各摹一份，寄天木兄也。

（十一）

昭燏先生史席：

十一月卅日进城，连奉十月廿六、卅日两次赐教，敬悉张掖、酒泉及十一日自敦煌所发诸函，俱已上达记室，欣幸之至。入冬渐寒，伏维起居万福，下情祷望。达在千佛洞，寄住中寺，即以前劳、石二公所住之地。粮食菜蔬，以前张大千有一熟人刘某住城，每三日为彼送菜一次，达等所用之物及信件等，即由县政府托刘某车代为带来。最近刘某因间谍嫌疑下狱，张氏送菜车虽照常，县政府为避嫌起见，改为每六、七日派警专送一次，尚无不便之处。并派一警士在此招呼做饭，"一日三餐面又面，条儿面和片儿面"（套陈梦家夫人句），甚为卫生，几不思人间烟火矣。天气尚不甚冷，今晨至摄氏零下五度，手足微感僵痛。日间阳光甚佳，约在四五度之间，

洞中抄录等等，可以无碍。唯在兰时以携款不够，向科学教育馆借一出差用老羊皮大氅，太薄而又破旧不堪，不足以御严冬，不日渝款汇到，拟在此另购一件，即可高枕无忧。足下有毡窝子，在零下三四度尚行所无事。头上曾购鞑子帽一顶，上缀貂尾，迎风飘荡，颇为有致。入城时戴此，敦煌城风头，几为区区个人出尽。日昨同住之江西卢君不服，亦购一顶，于是遂成平分秋色局面。至于山上景物，则可以"午夜风来，铃铎交响；朝阳始上，千窟争辉"十六字尽之，颇为不恶。唯燃料困难，生火大成问题。写信等等，俱于后院太阳光下为之，极是暖热。今日为足下写信，晚间于室内为之，笔墨俱冻，遂成满纸蚯蚓，真见笑方家矣。敦煌现驻中央军四十八师一四二团。其一营营长彭培根，湖南新化人，青年军人，而颇留心边事，因曾奉有入新疆南路之命，故于敦煌通和阗之路，研究亟为仔细，极思得斯坦因所绘自和阗至敦煌路线图。达所携 Stein: *Innermost Asia* 之附图，仅至敦煌为止，其西俱留李庄，不识在李庄能找一人用描图纸为将 Stein: *Serindia* 所附地图中敦煌至和阗一段，详细照描一份否？如能找人，所有用费，达愿担负。描好后寄敦煌县政府转四八师一四二团一营彭营长培根收。彭君是一有为军人，希望吾辈帮忙甚恳切。如可找到妥人，则好极矣。乞足下为一打听，至盼至盼！武威所见唐磁尊，是否可以出卖，不得而知，将来过武威，当为一访。大佛寺必去一看，唯恐非北凉之石窟寺耳。张掖南百四十里之马蹄寺亦有三四十窟，地理组吴、李、周诸君自青海入甘，曾一往观，据其所述，与凉州石窟寺不侔。贺昌群君又谓：安西万佛峡即凉州石窟寺。无根之谈，不足为据。唯道宣、慧皎所述，当非虚语。则凉州石窟寺所在，竟成一谜，亦怪事也。卅日在城，晤县政府一科长任君子宜，彼谓藏经洞最下层所藏经卷，大都系元代番经之属，彼收有元代路引及其他杂件多种，皆他人所不取者。以前谓藏经洞封于宋初西夏之乱。任君所云，虽不尽可靠，可备参考。任君又藏有南湖古铜滩所出陶器一具，带人物花纹之陶片若干种，已约好下次进城往看。据任君言，彼愿将所藏捐于国家，其言是否由衷，不得而知，唯可以商量，则大致可决。乞足下与济之先生一谈，如其有意，达可与之一商也。天禧年号，承傅君相告，感荷感荷。傅君谓为西夏，甚是甚是。此外拟请教傅君者尚多，拟另写一信，见到乞为致谢。考察团明年继续事，骝先先生曾有二电，济之先生亦有一函及此。唯达近来深感西北工作，绝非旅行式之考察所可尽，非设一工作站作长期工作不可。至于个人，不惟修养不够，难望有何成就，即人事方面，亦非不才所能应付。达来西北固无与人争名之意，而此意总难见谅于人。廿六日曾草一长函致骝先先生，于卅日付邮，略陈个人对于西北史地工作意见，函末表示辞意，希望最迟能于明年秋季，仍返昆明。此中情况，只有面罄，非笔墨所能尽也。（与凌公一谈可明大较）若得作民兄与足下来此，则诚妙选矣。呵冻作书，不能尽意，并祈恕其草率，幸甚幸甚。率陈，即颂

著祺，不一一

　　　　　向达再拜上自莫高窟　十二月四日灯下
致傅、李二公函，看后乞为代转。
　　文从何日上山？到山上后可即在舍下用饭，不必客气，客气是见外矣。六日晨又渎

一九四三年

（十二）

昭燏先生足下：

急景凋年，百无聊赖，乃迭奉十一月廿四日及卅日两次手教，快同面对，欣慰之至。拙作承为删正，使不致有攻讦之嫌，君子爱人以德，此之谓也。良朋箴规，谨百拜以谢。作民兄可来西北，尤为感奋。文从如亦能命驾一游，岂不甚善。如来西北，衣服准备，不可不周。稍迟当条疏所知上闻，藉供足下及作民兄参考也。游女士所云《西域文明史论》，当是日本人羽田亨所作，史语所有日文及中译本（中译有钱稻孙及杨炼译两本），达俱看过。惟敦煌所有供养人服饰等等，不尽有图画流传外间，因思从原田所引文献中比对唐画，求知梗概。当时求足下抄示所引原文，其意不过如是而已。此间壁画观玩愈久，迷罔愈深。达于佛教美术，修养太浅，至此大有刘姥姥进大观园之概，不可不知难而退。去岁函骝先生言辞，实自顾阒然，非故为谦退，足下当能谅之也。渝汇五千元，已由酒泉转到此间，乞告济之先生释念为幸。承达济之先生盛意，感铭无既。有种事物在敦煌有钱亦无处购置，如木柴即其一端。张大千在此，俱自备骆驼，向百里、二百里外驮运。吾辈如何可以办到！只求能对付过去，从所住寺中取用，大概可无问题。昔文正公教人扎硬寨，打死仗；又曰阳气愈提则愈盛，精神愈用则愈出。达九月底在兰州曾伤风一次，十月西行，至今遂未再犯。始知前辈话语，皆有至理也。tracing paper 已托渝友购寄十张，寄到后拟选描数幅六朝隋唐

车马,描就当即寄奉。率陈,不尽一一。即叩
著安

向达再拜上自莫高窟　卅二年一月二日

致舍下及宋印禅先生信,恳饬转为幸。琐屑劳渎,感愧感愧。

致孟真先生一函,便乞代转。感荷感荷。

傅、李二公公函及拙作油印,复乞寄重庆美专校街一号陈叔谅先生一份,请其转陈布雷先生为盼。

(十三)

昭燏先生著席:

十二月七日及十八日两次手教,俱于一月十日递到山寺,并承赐寄油印本拙作一份,诸荷删正,感谢感谢。张氏所剥离诸窟,当为列一详表,少迟即可寄奉。唯以无照相机及胶片,摄影之事恐难办到耳。不过鄙意此事最好不打架,因剥离壁画,劳、石二公在此,亦所不免,一旦反唇相讥,将何以对?故曰最好不必打架也。已往不究,来者可追,如此而已。拙作油印本如有多余,乞寄昆明龙泉镇北京大学文科研究所汤锡予先生一份,至恳至恳。另草《西北旅行须知》附呈,以供作民将来参考。西北苦寒,生活极为寂寞。左右来此作田野工作,殊不相宜,以前一时高兴云云,左右幸勿见罪为荷。近在千佛洞至敦煌中途戈壁上,见到古代墓葬群百余,大都作长方形。中有墓堆三座以上,用石砾堆成,至今尚高出戈壁地面二三尺,大概成品字形。四围用砾石围成一长方形茔圈,面南为一甬道,其长有时几达半里。敦煌人告张大千云:以前曾有一甬道忽然下陷,其下乃是隧道,用砖砌成,唯有无发见,则未之闻。

达以为此是唐代沙州人墓地，毫无可疑。盖唐代沙州，距千佛洞二十五里，在其西北，适当今敦煌人称为佛爷庙之地，至今其地废基颓垣，弥望皆是，迤逦长达数里。按诸距千佛洞里数、方位，俱甚相合，而墓葬群即在古沙州东南约五里左右，南为鸣沙山，不能营葬地，则此必是墓地也。最近张氏拟请敦煌驻军帮忙发掘一二座，以瞻究竟，与达言之数四，无可如何，只有漫应之。私意作民如能同石君璋如来此，正式作有系统之发掘，绝不至于毫无所得。或者较石君所拟之伟大计划，更切实际，亦未可知。不识左右以为何如也？至于准备以后工作计划，不知从何处说起。第一，达目前求去甚亟；第二，所走过之地方太少。劳君不日返川，对此当有所见，请先听劳君之意见如何，再作计较可也。日昨叶企孙先生来函，为研究院月报征求报告一篇。达思此亦题中应有之义，因拟写《西征识小录》一文，略述西行见闻，聊当报告。不过手头无书，难免错误，不日写就后，仍欲先呈左右，请为刊正，然后再寄叶先生处。工作意见，或在文中提起一二，并恳指教。屡次烦渎，还祈宥谅。幸甚幸甚。烟甚，书不成字，羞煞人，羞煞人。率陈，即叩

著安

向达载拜上自莫高窟　卅二年一月十三夜

(十四)

昭燏先生大鉴：

前接十二月七日及十八日赐教，曾于十三日上复，十四日托人带进城付邮，想荷察及矣。前函发后，始忆尚有一事忘告作民，因补陈于此。作民来川后，尚祈以此示之为幸。现在自酒泉至敦煌驻

军,为中央四十二军,玉门以西,为四十二军四十八师。军长杨德亮,云南昭通人,回教徒。四十八师师长谢某,湖南耒阳人。两人皆于十一月底在千佛洞见到,俱甚朴实。杨氏以有重庆友人介绍过,有事甚愿帮忙。敦煌驻军为四十八师一四二团,团长郏国选(字国宣),浙江温州乐清人,与作民同乡,军校五期生。一营营长彭培根,湖南新化人。两人达俱与谈过,甚洽,思吾辈帮忙亦甚殷。前次托左右找人代描斯坦因所绘自敦煌至和阗路线图,如能找到人,还恳费神一办。此等戍边将士,真是扎硬寨、打死仗者。我等能帮忙,不仅对于国家有益,即对于我等在此作考察工作,亦可便利不少。将来作民如来敦煌工作,借助于郏团者甚多,不可不知之也。文从已搬至山上,可常去舍下,不必客气。小儿辈顽劣不堪,亦望视同子侄,加以训诲,则感同身受矣。率陈,幸恕草草。即颂著安

向达载拜　一月十五夜

今晨得凌公书,知左右颇为拙作忙碌。不安之至,不安之至!
十六晨

(十五)

昭㶊先生左右:

前奉十二月七日及十八日两次赐书,曾于十三日上复,又于十五日致舍下函中附陈短笺,想不日可蒙鉴及矣。《敦煌千佛洞各窟剥离剜损略表》,兹寄上乞察。《西征小记》一文亦草就,并随函附陈,伏祈教正。近来为文,殊无自信心。《小记》草就后,初看一遍尚无所感,至再至三,不免爽然。左右刊削后,交孟真先生核阅;

如无可取，便存尊处，不必寄渝。达复企孙先生函，即已说明此点，不过请交凌公一看，因凌公于达一切亦至为关怀也。附致孟真先生及凌公函各一纸，拜恳转致。其凌公一函，并请左右一览，然后交去。戏楼院密迩凌家后门，故敢奉烦。屡渎清神，还祈有以谅之。作民行止如何？有信来否？念念。劳君贞一，想已返抵李庄矣。对于今年西北工作计划，想有卓见，亦可得而闻否？石室劫灰一小条，即奉呈清玩，敬陈，即叩

著安

向达载拜上自莫高窟　一月廿二夜

廿六日得骝先生复书，今附呈一览。考察团之命运，于此可知一二也。廿七晨达又叩

中大湘友某君，近寄示二绝，其辞甚美。达不能为韵语，又耻无以为报，乃效曹子建"门有万里客"，勉成一篇却寄。兹以纸有余幅，遂录呈诗家，藉博一笑，还希教正。幸甚幸甚。

门有万里客，来从西北方。惊沙撼大漠，胡月窥边墙。骠姚既不作，世亦无秦皇。千古如泡灭，人生似朝霜。愿言思吾子，偕隐归浔阳。

佛陀耶舍呈稿

<h2 align="center">（十六）</h2>

昭燏先生左右：

前奉一月七日赐教，比复一短笺，命舍下转致，想荷察及矣。足下謦欬殷勤，感激无似。西北在考古学与历史学方面，固大有可为，然非不学如达者所能为力。矧达联大职务，并未辞去，请假一

年，仍支原薪，此种情形，岂可继续。是今夏东归，揆之情理，实有不得不然者，并非个人有何不满或负气处，足下当能谅之也。现拟在敦煌住到三月，如其时作民尚无来西北消息，便即东归酒泉，以待后命。渝寄五千，现尚余不少，如无其他大举动，大约尚可以维持至五六月。报账种种，达当自为之。来此以后，烦劳清神之处已不在少，如再以此等事一概委诸足下，真欲令人愧煞。高谊隆情，永铭五内而已。方命乞谅。阴历正月内，油矿局驻敦办事处拟去南湖、西湖运木料，达拟随之同去。自南湖出红山口北行至西湖，然后返敦煌。重访阳关，一览玉门，追寻汉唐时代之长城遗迹。素愿既酬，然后言旋东归。足下闻此，当亦赞成其行也。阴正在城过年，前昨两日，于城西南五里之岷州访一庙中，得见六朝经幢一，残余两段，所镌佛像供养人及文字，俱极精妙。昨日往拓得四五份，今检一份，敬呈清玩。初学搥拓，见笑方家，羞煞人，羞煞人。其中外国字大约是佉卢字，在中原碑版中尚不多见，拟寄一份至印度，请周君达夫找人翻译。足下如知有人识此者，并祈见告为幸。率陈，即颂

　　著安。并祝

春祺

　　　　　　　　向达载拜上自敦煌　二月十日

任子宜所藏《坛经》一册，共收五种：一为《菩提达摩南宗定是非论》，首略缺；一为《南阳和上顿教解脱禅门直了性坛语》；一为《南宗定邪五更转》；一为《法海杂记六祖坛经》；一为释净觉注《多心经》。俱首尾完具，皆禅宗重要资料。适之先生从英法得关于神会材料不少，著《神会传》，而《南阳和上直了性坛语》似未之

见。近日假来录副,已得一半,更三数日,即可蒇事。《小记》关于此一段,请为酌改是幸。又拙作票姚"票"误作"骠",并祈勿笑,幸甚幸甚。达又及

又:"元嘉"是"阳嘉"之误。

(十七)

昭燏先生左右:

《西征小记》《千佛洞诸窟剥离剜损略表》及岷州庙六朝石刻拓本想先后可达记室矣。献岁发春,伏维起居万福,为无量颂。向骝先、企孙两先生再度辞职函,已于日昨付邮。乞告孟真先生谅之,幸甚幸甚。个人在此,安全无问题,张某当不敢有何妄动。尚祈诸友好释念为荷。拙作承寄来油印本一份,陈君叔谅又剪寄《大公报》一份,现俱赠陈冰谷县长,聊当备案。此间驻中央军四十八师一四二团。正月初二曾为其官佐讲演《西北在国防上之地位》一次,感情尚好。以如是因缘,诸君可以不必为我担忧也。作民有消息否?不胜企盼之至。率陈,即颂

春祺。不一一

向达载拜上自敦煌 二月十五夜

(十八)

昭燏先生著席:

前奉一月七日赐书,即于二月十日上复,又于十六日致舍下信中附陈短笺,想俱荷鉴及矣。比又获读一月廿六日教言,复得济之先生二月二日书,敬悉一一。承开示八点,谨分别条答如次,伏祈

垂察为幸。（一）考察团经费已定，甚善甚善。至于历史考古十万元之支配处置，俟作民来再说，或竟请作民负责计划动用何如？达于银钱向来不愿负责经手，自知是胡涂虫，于此等事，最无能耐，故不如不管。微衷尚希察谅。并恳向孟真、济之两先生，婉达下情，幸甚感甚。石君将来工作如何，此非达所能过问，可不必谈。（二）所需人材，个人无意见，悉听孟真、济之两先生处置办理。（三）关于个人工作，骝先、企孙两先生曾有一电，命就个人工作范围拟一简单计划。此事已于十六日用航快函上复。所拟个人工作计划，时间止于今夏。主要工作为河西陇右古代佛教艺术史迹之整个考察，地点西起敦煌，东止天水。工作报告，当然照例缴送，绝不偷懒。最近所寄《西征小记》即是一种初步报告性质，此外则非达所得而知也。（四）千相塔及古墓葬群之发掘，决俟作民来，然后进行。（五）任子宜为人浮夸，其言殊不可信。日昨在城相晤，曾将中博院意转达，彼顾左右而言他，其事可想而知。达现在打算，为将其所藏经卷较有价值者，全部录副（南宗史料四种已抄毕，约三万字，又一残篇，疑是《论衡》，亦已录副。只余《一切经音义》残片及五代时经录名目二种而已），大约可无问题，其所藏古铜滩出陶缶，当是唐代物，谈不到艺术价值也。（六）据贺君昌群函告（贺君在《大公报》所刊一文，并未见到）：负千佛洞保管之责者，即有某氏在内，夫复何说！总之，达已尽其在我，可告无罪矣。陈、程二函，承检示甚感，今仍缴还。骝先先生之工作站计划，已见二月一日付邮函内，左右当可窥知一二也。近得汤锡予先生函，谓北大有与中研院、中博院合作，在西北设立历史考古工作站之意云云。不知北大方面负责人，是否有函来正式接洽此事？又不知孟真、济之两先生是否赞成此举？济之先生函，命达拟一工作站详细计划。自思于考古既是外行，于野外工作又毫无经验，岂可妄有所论，见笑通人。故复济之、孟真两先生函，于此只愿就个人所知，聊贡刍荛；至于正式计划之拟定，最好出自孟真、济之两先生之手，或由作民负责，亦无不可。区区之意，敬求垂谅，毋任感幸。（七）在此所需普通应用物品，已见前寄《西北旅行须知》，稍事损益，即可对付。（此地拓碑工人，技术极坏，劳、石二君托上寺喇嘛拓千佛洞诸碑，拓本送来，尚不如达所拓岷州庙残石，几不能用。故在西北，碑版最好自拓。唯此地墨极坏，黄而不黑，能从川带一两斤中等碎墨，亦可备不时之需也。）所有工作必须之照像绘图材料、测量器具，非自带不可，邮寄全不可靠，而到此后，又无处可购也。（去岁十月，全君汉昇为自渝寄小书数册，至今未到。十二月初，渝友为寄 tracing paper 等件，十二月底陈君叔谅为托人带书二包至兰转敦，至今俱无下文。邮寄之难与托人之不可靠，可以想见矣。）至于图书，自然最关紧要，然既不能借，谈亦无用。地图有达所带之 Stein's *Innermost Asia* 附张掖至敦煌十余幅，勉强可以应付，此外能带一两种与西北及新疆有关者亦好。（有牛津之 Advanced Atlas，无妨带来，亦有用也）。唯河西各处，除武威李氏尚有藏书外，其余各处，书籍俱极缺乏。敦煌窦萃五有四部备要本廿四史，此为仅见。近窦君作古，书亦无从借起。此则不可不知者耳。（在此作工作，第一年自不能希望书籍齐备，唯廿四史不可不备。达有开明本廿五史一部，存浙大谭季龙处，谭君不用此书，作民经过遵义，可以带川。在西北有此，便可称富有矣。作民处请左右负责通知，谭君处达即去函通知，乞斟酌为幸。又罗叔言之《沙州曹氏年表》，影印之《沙州图经》，不知能为觅人代抄一份见寄否？《西陲石刻录》单本能假一本见寄尤佳，否则抄示其中之《索勋碑》及《敦煌长史武班碑》二种即可。）（八）去岁九月，自渝动身，毅侯先生付五千元，在兰州借二千元，十二月又汇来五千元，共领一万二千元。在兰置备行李，购买应用杂物约用四千，自兰至敦，约用八百，在敦五月，约用四千，尚存约三千余元。最近汤锡予先生函告，谓北大允为协助小款，将来以此为自敦煌至天水、由天水返川费用，大概可以对付，乞告济之先生，以后可不必汇款。劳君月初自渝来函，谓去岁在酒泉曾存一万元，专供达支用云云。此事以前从未谈到。十二月十四日石君璋如自兰来函，谓酒泉存一万元，供明年工作之需，未言专供达支用，仅云达如需用，不妨提取若干云云。顾二君所存之款，俱未示达以如何取法，岂非滑天下之大稽？此俱是麻烦事，乞告济之先生，即属劳、石二君将此款从速提回。达此刻无此必要，乞人馋余也。感盼感盼。世岂有将自己身体开玩笑之人？有之，其惟释迦牟尼与墨子乎？达何人斯，岂敢希踪古圣？自苦云云，形容太过，诸公不为我过虑也。盛意仍极铭感。

　　承为转达孟真、济之两先生意，命达在敦煌继续工作，极感殷勤。达所以今夏必须东归之故，已具以前诸函，可不更赘。唯可在此候作民到后，于地方情形弄熟悉后，然后东去安西，下情当蒙宥谅也。去岁九月，自李赴渝，从博物院借一千元，顷函舍下命将此款归还。请左右代交济之先生，将达所立借条收回销毁，并达谢忱，感荷感荷。十二月十八日航寄孟真先生照相底片一盒，共三种，如已收到，下次左右赐教，便乞示知为盼。玉关之行，以油矿局车尚无定期，至今迟迟。三月间南湖新修水坝行放水礼，陈县长拟亲去主持，其时或与俱去，重访阳关，然后再及其他也。舍下来函谓：每星期三、六晚间，请左右为小儿补习英文，此事既感高谊，复增愧怍。左右甚忙，岂可以此相烦？舍下殊不晓事。左右能为介绍游女士帮忙，即感激之至矣。舍下不恭之处，还祈勿罪，幸甚幸甚。致济之、彦堂、贞一诸先生函，并恳转致。率陈，即叩
著安

向达载拜上自莫高窟　二月廿八夜

昭燏先生：

前函草就后，尚有余意未尽，因更补陈，希察为幸。（一）设立西北工作站，在学术上固为极重要之举，唯达绝不愿且亦不能主持此事，其故有二：第一，个人无作头领才干，只是跑龙套材料。打边鼓、凑热闹则可，一旦粉墨登场，便手足无所措。故生平于"长"字避之唯恐不及，此次荣任历史组组长，为生平第一次，亦即最末一次。足下知我，当能谅之。第二，一种新事业之创立，开始主持之人，最为重要。达于西北史地，只因治交通史而偶然涉猎，并未下过功夫，于考古尤其外行。致骝先生函所谓，"搜奇有心，济胜无具"，即是此意。此事请作民负责，最为适宜。作民不唯于考古学出色当行，即于史学、人类学以及其他相关各部门，亦有相当修养。若再能在西北驰驱一二十年，自可开一代风气。足下知作民甚深，当知达非过论也。作民初来，人地不熟，达愿在旁协助，将工作站成立，然后东归；过此，则非达之力量所能胜矣。（二）舍下寄居李庄，终非长策。李庄情形复杂，内人忠厚有余，应变不足，且寄居其间，师出无名，此事达等常怀不安。以前读《离骚》，深感其缠绵往复之情，而于屈子忧谗畏讥一至于此，殊不了了。至李庄

后，始有所悟。一日为傅公言之，傅公大笑。（似亦曾以此告足下，足下亦不以为然。）然此终是事实。最近凌纯声先生因骝先先生力促其去新疆，曾函询达意见，达复函力赞其去。凌公如果去新，凌府不知是否仍住李庄？如其因男女公子上学方便移家乐山，舍下亦愿同去，乐山武大有一小同乡在彼教书，与达一家感情甚好。如凌府真去，达当函乐山同乡，请其至李庄接舍下同去也。见到纯声先生时，乞为一探其意，感荷感荷。舍下寄居问题不定，则一切俱无从说起矣。

三月二日晨达又上

大纲告，谓足下在某报上刊登读《离骚》一什，辞意佳绝。不知何日始能一拜读也。附陈一纸，可否不公开与人观之。劳、石二君函并附呈览，此俱不足为外人道也。

（十九）

昭燏先生史席：

一日曾草一长函，于三日清晨托人带进城付邮，想不久即可登记室矣。内附致劳君贞一一函，左右当可过目。其中小注一则，如以为过于露骨，代为抹去，以存忠厚，固感盛意，如不抹去，却亦无妨。青年人初开始从事学术工作，便走上邪路，卖弄智巧，以不合作与经济封锁拒人于千里之外，如不稍予点破，将以为天下人皆是笨虫矣。鄙见不审高明以为然否？至于此次历史组因达学问资历不孚众望，以致演成同床异梦之局，为识者之所笑，每一思及，辄为汗颜。其所以如此，一方面固由于达迟迟其行，授人以柄，此外以为尚有一大误会在乎其中，今愿为足下一陈之。前年达在滇向北大方面及孟真、济之先生自告奋勇，愿作西北之行，始意不过欲以个人之经历，促研究院、博物院及北大通力合作，在西北为历史考古之学另辟一工作地方，一方面可以消纳许多新起人才，一方面因此为中国中古史、交通史，以及域外史之研究，另奠一合理的基础，进而与欧洲学者在中亚之历史考古研究取得联系，以提高吾国历史考古学学者在国际学术上之水准与地位。初志不过如此而已，并无其他私人之企图在乎其中也。区区之意，既为北大及孟真、济之先生所采纳。七月初，在昆明曾上适之先生一长函，详告此意。八月底，在李庄复与孟真先生面罄此衷。十一月廿六日，在敦煌上骝先先生一长函（此函渝，已录副寄李，足下或已见到矣），复以此为言。皆愿以个人之经历为刍荛之献，并不以为成功必在于我也。是以去春考察团组织就绪，一电见召，欣然就道，万里孤征，曾不返顾。至于个人学问资历之是否胜任愉快，可孚众望，初未尝思虑及之。盖亦知一新事业之开创，自须有一二笨汉，负辟山通道之责，而后，后来者始有坦途可循也。所不幸者，西北史地考察团之组织，虽出自研究院与博物院，而历史组则为两者与北大合作之事业。而达之来，亦为代表学校，并非以个人资格参加，此种情形，最少北大方面，有此谅解。惜乎考察团自组织以至出发，于此点未尝正式声明；历史、考古两组中人，于此中经过，尤其未能明了。总以为研究院与博物院所组织之考察团，乃横来一野汉，撞入上苑，并荣膺组长，而靦然不辞，此而可忍孰不可忍。于是始之以不合作，继之以经济封锁，酿成笑柄，见讥识者。而达以清白之身，竟成众怨之府，实则与达个人初无关涉，此有致适之、骝先、孟真、济之、纯声诸先生及足下函可为佐证，初不必指天日以为誓也。所谓有一大误会在乎其中者，此也。今劳、石二君，虽不来西北，而考察团之组织主持，仍与去岁无异，时序迁移，而形势不改，其足以使人误会依然如故，并有加剧之势。去岁荣膺组长，几乎冻馁而死，今年如再不度德量力，毅然负起筹备主持工作站之责，恐真非埋骨于戈壁滩上不可矣。殷鉴不远，来者可追。孟真、济之先生及足下来函，殷勤劝譬，责以主持工作站事，具征诸公见爱之深，信托之真。而达实有不能贸然相许之私衷在，故复不辞颊缕为足下陈之，幸垂谅焉。昆明汤锡予先生来书，谓北大有与研究院、博物院合作在西北设立历史考古工作站之意，嘱达勿遽归去。达于日昨以长函复锡予、毅生两先生，详陈去岁以来经过情形，并谓欲留达在此工作，亦无不可，唯有一先决条件必须解决，即北大与今年之西北科学考察团关于历史考古方面之合作，必须商妥，得到正式承认，而以达为正式代表北大参加工作之人，如此方不至于徒使个人成为怨府，而于学术前途，实际无所裨益。如其能办到此一点，则达之负责与否，不足轻重矣。作民循循君子，其学其识，俱胜达百倍，如其肯来此主持一切，而达则以客卿式地位从旁协助，如此既不害其为合作之局面，亦不至更起误会，而于工作前途，则有百利而无一害，于公于私，两俱得之。此达致北大汤、郑二公函之大意也。足下以为然乎？否乎？至于舍下在李，既承孟真先生殷勤垂顾，又得足下及凌公为之曲予庇护，因获枝栖，免于流离，私衷感激，永铭五内。唯内人出身乡曲，读书识字太少，于大道理不甚了了；重以从达甚久，耳目熏染，自亦养成一段乖僻性情，忠厚或者有余，而胸襟不阔，环境稍形复杂，便不知应付。如此久之，于人于己，两无是处。近去函命其考虑迁居乐山，即是此意。"靡不有初，鲜克有终"，诗人垂诚，能不三复？并非于居停主人有何不满，足下知我，当知吾言之非饰辞也。此事只须凌府决定，乐山房屋可以找到，而敝同乡又能来李庄一接，即可成行。路费一项，近亦思一策：一月间袁守和先生来函征稿，达拟将《蛮书校注》初稿交守和先生印行，如此可得数千元。一面去岁假研究院之二千，可以趁早偿清，使毅侯先生造报销不感困难；一面舍下迁居，钱不足用，亦可以稿费所余，聊资挹注。《校注》稿存孟真先生处，足下见到时，幸先为婉陈此情，达随后当正式函孟真先生感谢居停之谊。舍下如获安定，无后顾之忧，则区区此身，任供驱使，亦所不辞矣。下情伏维垂谅，感甚幸甚。谨陈，即叩起居百益。不宣。

向达叩头　三月五日上于莫高窟

又：如今年决定在敦煌设立一历史考古工作站，而以作民主持其事者，达自愿从旁尽力协助一切。如需达在此先行代为部署，请院方正式飞函示知，无不从命。房屋方面，已函冰谷县长商量，总可有办法也。乞斟酌为幸。

七日达又叩

作民到川，务望足下力促其来。如徐星伯《西域水道记》诸作，皆有用之书，不可不携也。达又叩

张大千近来想已见到《大公报》所刊一文。自达于城中归来后，态度剧变，惟谅其不敢有他。达自知应付一切，诸公不必为我虑也。

达三叩

(二十)

昭燏先生史席：

三月七日曾发两函，想不日可达几席矣。作民有消息否？近来在此，盼望作民，大有落水鬼等替身之概。奈何！奈何！最近敦煌县长陈冰谷先生赴渝受训，十五日自敦启程，四月初抵渝，受训五星期即返敦，离渝大约在五月初旬。作民其时如已去渝，可与一谈，其在渝通讯处为中央训练团音乐干部训练班罗冠群先生转。去年西北史地考察团在敦煌，冰谷先生帮忙不少，到渝后，研究院似应向之略表谢忱。如此，继续来此工作者，始不致觍颜对人。达已有一函致企孙先生，为之介绍。唯企孙先生于此等事，不甚注意，如其足下以为鄙见有可采处，请告济之、孟真两先生专函企孙先生提醒此事。如以鄙见为不足采，置之可也。达大约明后日随油矿局人自敦煌去西湖，访玉门遗址，往还约需十日。南湖之行，俟玉关归来后，再作计较。近来此间，极是暖热，室内摄氏六度，室外荫凉处十度，正午阳光下三十二度，则竟汗流浃背矣。率闻，不尽一一。

即叩

著安

向达再拜上自莫高窟 三月十二夜

作民来，乞为带中等墨一两锭。行笈所携，将次告罄，而敦煌及兰州墨，胶极重，而又不黑，不能用。如为拓碑起见，带碎墨还不如带大墨，如"龙翔凤舞"等大锭者即可。最近拓千佛洞诸碑，购碎墨煮化后，全是胶质，凝结成冻，无从使用，只有将带来之松烟磨用。因不敢多用，所拓甚淡，自夸为宋人"蝉翼拓"以解嘲，

真是见笑大方。达又及

（二十一）

昭燏先生左右：

达因明日赴西湖，今日下山，得读二月七日赐教，并获舍下函，具悉足下为达事集谤于一身，真令我感愧至于无地自容。达生平有一种脾气，无论做事做学问，从不喜趁热闹。去岁入川，已自惭为趋炎，今来西北，一身为怨府之不足，并以此累及友朋，既深惭愧，复违素志。以前迭函足下，详述衷情，坚求瓜代，皆是此意。现东归之意已决，西北事业，留待他生矣。忝在交末，当能谅之。其他一切，俟西湖归来后，当更详陈。傅、李二公处，已另具一函，匆匆，恕不恭。即叩

著安

向达上自敦煌　三月十三夜

（二十二）

昭燏先生左右：

十九日玉关归来，又奉二月廿五日赐教，良深感愧。生平于应事接物，往往出以直道，不解婉转。在昆明时，即因此不能取悦于人，致蒙脾气太坏之称。入川后体察情形，知不能复萌故态，故至西北遇有较费周折之处，辄托足下为之代达，以为如此，或不致以言辞直率，开罪于人。初不料足下竟因此代我受过，集谤一身。惶愧之情，匪言可喻。达与足下相知八载，居心无它，天日可誓。幸乞有以谅之，幸甚感甚。至于达今日之情形，大似蒙主人厚意相招，

在人家作客帮闲。主人事忙,无暇照料,一切托诸管事。管事不体主人之意,始则荐以草具,渐乃三餐不继。作客者无可如何,只能作种种暗示,暗示无效,乃向主人婉辞求退。而管事者对人曰:某某何必客气!无饭无钱,向吾辈说可耳,世能有如此忝职诬罔之管事,绝不可有如此厚颜之客人。足下试为达设想,达之屡函求退,当乎?否乎?(达于去岁九月廿日抵渝,廿五日飞兰。廿二晚毅侯先生命全君汉昇交达五千,曰:先拿此应用,并无任何其他言语交代。廿二以后,亦并未再见毅侯先生一面。抵兰后置备一切,所余无几,幸有骝先先生致科学教育馆馆长袁君翰青介绍函,请其帮忙,遂向之商借二千,蒙其慨允。达于十月一日西行,九月卅日在兰发一航快函及一电致毅侯先生,说明携款不够,不得已向科教馆借二千,请即电汇还清云云。达经济窘迫情形,尚待其他说明耶?因惧渝方不灵,故又函汤老师请北大为汇二千。直至十一月下旬,毅侯先生处迄无一字,因有十一月廿四一电、廿六一函致骝先先生,请其汇款接济。至十二月初旬,毅侯先生始来一电,谓汇五千至酒泉。直须作客者向主人要钱,管事者方一致答汇款,天下有是理乎?达自抵渝以迄飞兰,始终无人告我以后需钱,向何人接洽,而管钱者亦始终缄默不发一言。地理组人知之而不敢言,以之告袁君翰青,袁君不能忍,于石君抵兰,以汇款为言,乃有石君十二月中旬一函及劳君二月初一函。他人不惮为此言之,至再至三,而同组中人乃木然无所动。图穷匕见,则诿之于善忘。二月十二劳君又来一函,则直谓为达"客气"。天下事又岂有是理乎?总会计如此,会计诸人亦如此,欲谓之为不忝职、不诬妄,可乎?至于敦煌工作,并未结束而遽匆匆离去。(敦煌碑一份未拓,以之交诸喇嘛,喇嘛偷工减料，昨曾为一检点，《李怀让碑》后欠五行未拓，因不愿拼纸。又所余残石，只拓一面，又一面付之缺如。《索公碑》、《杨公碑》、《吐蕃赞普碑》、六朝残经幢俱未拓，不知何事匆匆如此也。）至酒泉不能待，七日而又北行。（实则自居延归来，在酒泉闲居半月，则何不少待数日，容下走得附骥尾，岂不甚盛。）在川购文具用品万元，返川不能带，弃置兰州，命达随便取用。而九月自酒泉北去，曾不留支笔片纸。达函二君，请其至兰为购铅笔、粉连纸，托油矿局带来。石君函复迳谓：君可自购。劳君稍讲乡谊，为寄铅笔一打，以表善意。如此，欲达不托友人在重庆购寄得乎？劳君十二日函，今并附呈一览。先后所寄劳、石诸君函，及致凌公函中附呈之袁君函，并恳保存，他日如重论此一公案，凡此种种，皆是证据，皆是史料，可以公诸有众，以待公评。观此则达所谓"先之以不合作，继之以经济封锁"，并非达之神经过敏，或危言耸听，又可知也。至于劳君十二日函，直是"满纸荒唐言"，惜区区无此精神，为洒"一把辛酸泪"耳。渝友垫款已汇还，足下可以释念。凡此具是私人不识大体，乱开玩笑，绝无訾议研究院之理。）作民来川，务乞劝其来此，负起主持之责。为学术前途，为个人事业，西北工作，俱不能不努力从事也。至于达个人态度，具详三月十日致足下及孟真、济之先生诸函中。只要今年考察团历史考古工作，愿与北大合作，达当可遵命留此协助作民；如不能与北大合作，这亦当助作民将工作站成立，然后东归。盖如不能合作，北大何必年糜万余，送一人供他人差使，与己无丝毫利益！而达一年食此虚禄，又何颜以归见北大诸同人！足下知我谅我，或不致责达为固执耳。以前足下于达来函，率公开与人观之，故亦不敢尽吐积郁。今既于西北事，避嫌绝口不提，用为略告经过，想足下必能终闷之也。达于十四日赴西湖，访玉门遗址，十九日归来。目睹汉代边墙故迹，一酬素愿。稍息数日，尚欲去南湖，再访阳关，三礼西千佛洞。归后拟草《两关游记》一小文，以寿柳劬堂老师。草成后定先寄足下一看，藉求教正也。率陈，不尽一一。即叩
著安

向达载拜上自敦煌　三月廿日

（二十三）

昭燏先生：

　　日昨晤四十八师师长谢某，湖南耒阳人。谓蒋先生意欲在汉玉门、阳关故址处建一牌坊，以资纪念。拟命敦煌驻军一四二团派人详为勘察两关遗迹，备它日建造牌坊有所依据。约达同行。建牌坊劳民伤财，殊无意义，唯借此得重游两关，未始不可，因即应允。明晨先上山稍息数日，俟彼等准备就绪，再下山同行。为期或在十日以后，归来当在四月中旬。《两关游记》草就，即寄求教益也。率闻，即颂
著安

向达上自敦煌　三月廿二夜

　　信草就后，方将就寝，冰谷县长来言：距千佛洞南三十里之大泉，已发现哈萨。嘱勿遽上山，云云。关外闻哈萨，几于谈虎色变。正月间，南山蒙古遭哈萨大掠，流离失所者六七十人，曾至千佛洞住十余日，至可悯也。不知何日始能一清萑苻耳！

（二十四）

昭燏先生著席：

　　三月间曾上数函，想陆续可达记室矣。其中时不免有激愤语，皆缘禁制功夫不深，故有此失。规过劝善，惟足下有以进而教之，幸甚幸甚。济之先生所发感电，已于卅日拜悉。作民之来，有如泥牛入海，杳无消息，真急煞人也么哥。济之先生电亦如尊教，命勉为其难；凌公来书，且劝达立即在此招兵买马，进行一切。其实西北情形，远不可与他处相提并论。此间欲聘一小学教员，尚不可得，何况其他专门人才？此一难也。英庚会所办玉关小学，征求一办事员，薪水津贴，可至九百；考察团能出重薪以延揽好手乎？此二难也。故欲在此间工作，非带齐班子，备好一切应用行头，直无从动手。借才云云，绝不可能。济之先生谓：作民夏初来川，即转西北。假定作民果能如期而至，然在未来之前，达赤手空拳，能作何事？此又是一难题矣。达目前打算，此间哈萨问题，四月初旬大约可有眉目。（三月廿二日，哈萨数人，已至千佛洞张氏所编一号洞前，执一挖金者，询千佛洞情形。挖金者答以千佛洞有驻军三、四连，哈萨始匆遽退去，唯命挖金者至城中报告，彼等有投诚之意，并冀能指定驻牧地点。如不之许，彼等或将至敦煌一游云云。当日张氏全家，避至三〇二号窟。下寺驻军一连，前一日进城听师长训话，只一指导员在，携手榴弹十二枚，亦上三〇二号窟预备万一。并即派人进城送信。廿三日清晨，驻军返防。廿四日达等亦上山。廿五日所派与哈萨接洽之代表，向南山出发。廿八日郑团长上山，询知代表尚无消息。据云：哈萨实数约五六百，已退至五个泉子，距敦煌约三四百里。则代表往返，非十余日莫办矣。日来安谧无事。）中旬，驻军或可抽暇派人前往南湖、西湖，勘察两关遗址。郑团长亲去，达拟偕往，重游两关。行程自敦煌至南湖，由南湖北行至西湖勘察大小方盘城，将来或须由西湖再西行三四站，然后返敦煌，为时当可半月。归后将千佛洞工作，稍一整理，作一小结束，于五月初旬或中旬先去安西，巡礼万佛峡及东千佛洞，为时暂定半月，已至五月将尽。如其时作民尚无来川消息，则真是俟河之清，达只有檏被东归之一策而已。此事究应如何处理，维左右为一决之，企盼之至。至于两关遗址，除阳关大致可以决定外，玉门一关，尚难遽定。清人书大都谓大方盘城即玉门故关所在。大方盘城在敦煌西北一百六十里，为东西向之一长方形小城，有内外二重，外城东西长约一百六十公尺，南北约五十公尺，内城四面各损十五公尺，内城分为三大间，用墙隔开，各不相通。四周墙上下两端，凿有高约一公尺之三角形洞，斯坦因谓系流通空气之用者。外城则四隅各有碉楼。就现存形式而言，谓为关城，恐古今无此制度。斯氏谓系屯粮之所，或得其实。唐人著《敦煌录》，谓沙州西北二百三十里有河仓城，古时军储在彼。所谓河仓城，疑即今大方盘城。至于里程，唐人所纪与今悬殊，如写本无误，则当由于碛中道路，迂回曲折，本无一定，故古今不同耳。而其非汉唐时代之玉关故址，则大致可决也。大方盘城西四十里为小方盘城（斯氏谓两者相距五哩，恐有误）。城成正方形，每面约长三十公尺，城东北约七十公尺，一土阜隆起。斯氏曾在此掘得汉代简牍甚多，因谓汉玉门关故址即在今小方盘城。案：两关所在，汉魏以来载籍无征，唯唐人书屡及其地。言两关者，求之文献，舍唐人书，即无可稽。岑嘉州诗，数及玉关，其《玉门关盖将军歌》有云："盖将军，真丈夫，行年三十执金吾。身长七尺颇有须，玉门关城迥且孤。黄沙万里白草枯，南邻犬戎北接胡。将军到来备不虞，五千甲兵胆力粗。"又《苜蓿烽寄家人》诗自注云："玉门关外有五烽，苜蓿烽其一也。胡芦河上狭下广，回波甚急，深不可渡，上置玉门关，即西域之襟喉也。"胡芦河当今何地，已无可考，唯今小方盘城，方只三十公尺，北面苇湖，西抵后坑子（小方盘西三十里），东经大方盘，以迄于哈利淖尔（义为黑海子，疏勒河之所入也），绵延百余里，城南毗连戈壁，弥望无际。城固不足以容甲兵五千，城外又三面平旷，无可屯驻之所。至于城北苇湖，虽到处沮洳，不可渡涉，而嘉州所云之"上狭下广，回波甚急"之语，并不相似。是谓小方盘城为即古玉门关，征之唐人书，实有不合。斯氏在小方盘发掘情形，具见其所著 Serindia，所得简牍，则见于沙畹之 Document Chinois，etc，及罗叔言、王静安之《流沙坠简考释》中。诸人所考，都已不复省忆，手边又无其书，无从覆按。不识斯氏之言，是否有简牍遗文以为佐证，抑仅凭推论得之。左右亦能抽暇为检斯、王诸氏书（斯氏发掘汉代长城记载，似在 Serindia 第二册中，《坠简考释》则检屯戍丛残及静安先生前后二序，可知梗概），举其所考大概见告否？如能觅人为录静安先生《考释》二序及有关玉门故址诸简牍原文及考释见寄，尤为感荷。屡以琐屑上渎清神，死罪死罪。敦煌艺术研究所常书鸿偕高一涵诸人于廿七日抵千佛洞，晤谈甚少，不知于此千秋胜迹，有何伟画。佛言成住坏灭，今千佛洞已过第三阶段，不灭何待？唯在此半载，眼见有计划大规模之剥离破坏，举出于所谓考古学者以及艺术家之手，而愚夫愚妇不与焉，此则颇难为怀者耳。临洮近来"匪"氛甚炽，啸聚至五千余人，保安队一团往剿，全军覆没。距兰州东南四十里之阿干镇，已为所攻陷（阿干出煤，为兰州日常燃料来源）。其口号为"征粮不公，抽丁不公"，不知将来如何了结也。敦煌自限价以后，百物绝迹，猪肉久已无市（黑市每斤廿余元，猪油每斤卅余元，却亦甚少）。牛羊肉偶尔一见，亦转瞬即尽。面粉限价三元一斤，黑市六元亦无购处。陈县长前数日首途赴渝受训（本定十五日成行，以军部派专员征购骆驼，在敦坐索，坚不放行，十五日竟大闹县署，打翻办公桌，亦西北一小沧桑也）。首途前为拨平价粮小麦十石，吃饭可不成问题。无肉尚可，唯白菜、罗卜亦绝迹，此则不了也。吾人见面，动问"吃饭与否"，今则真只有吃饭矣。限价未几，即已如此，如不急图补救，后患将不堪设想。李庄当亦与天下老鸦同黑，不胜悬悬之至。敬闻，不尽一一。即叩
著安

向达载拜上自莫高窟　四月一日灯下

致舍下一笺，便恳饬交。感荷感荷！

（二十五）

昭燏先生侍席：

一日曾上一函，于昨日托人带进城付邮，其中于玉门关引岑嘉州诗，当时颇为不解，以为嘉州所纪，何以与现在所见大小方盘附近情形悬殊至此。昨夜检《辛卯侍行记》引《元和志》，始知唐代玉门关已东徙至今布隆吉双塔堡东，所谓葫芦河，今名窟窿河，即疏勒河之一支流。至于汉代之玉门故关，《元和志》谓：在寿昌县西北一百十七里。天福写本《寿昌地境》则谓：玉门关在县北一百六

十里。以地望考之，汉玉门关在今西湖左近（敦煌西北二百三十里）或者可信。唯于斯氏所云小方盘之说，仍不能无疑。小方盘不过一三十公尺见方之小城，除城北俯临苇湖，一土阜有烽墩残迹外，此外三面全是戈壁，一无居住痕迹。而自小方盘西行三十里至后坑子，其间尚存二墩，每墩相距约十里。现存西面第二墩，在后坑子、苇湖（略成南北向）西岸戈壁上，自此西望，有数墩尚隐现于戈壁地平线上（三月十七日只至后坑子西岸汉墩为止，未能更西一考其他诸墩也）。与东面诸墩，俱成一直线，东面诸墩即为汉代边墙之碉楼，颇疑汉长城自后坑子往西，尚延展数十里也。如汉长城迤逦及于小方盘西六七十里，为西域襟喉之玉门关，乃远在长城终点之后，此亦不可解者。不知左右亦能为一祛疑惑否也？《敦煌余录》，近又钞得数种，其中一县道地名（原名已佚）甚好。各县道名称上并用朱笔注明上中下及赤紧望三辅六雄诸等级，下注距西京、东都里数、贡品以及公廨本钱数目，犹是中唐以前写本。石室中类此者尚不多见也。此间哈萨问题，竟成一谜。昨日晤千佛洞驻军连长乔某，谓：派去接洽之代表，至南山中行三四日，不见哈萨，废然而返。军政方面，对此作何处置，则不得而知矣。常书鸿来，谓教育部曾电张氏，命其离开敦煌，云云。近闻张氏有于月底东归之说，不知确否。济之先生任考察团团长，已确定否？极以为念。率陈，即叩著安

向达载拜上自莫高窟　四月三日

（二十六）

昭燏先生侍右：

　　廿四日重游两关，归来得读三月廿二、廿九两次赐教，并承钞示《索勋碑》及《曹氏年表》，感荷无既。关于拙著《小记》，蒙为改正，敬此谢谢。《道宣三宝感通录》，试查《昭和法宝总目录》，当可知其在《大正藏》何部。沙州墓葬一段，缺者为"茶"字。千佛洞北口，筑有一亭，四月八日备有茶水，以供进香者之用；并悬一钟，声闻数里，行戈壁者，聆此可以不致迷路。故名其地为茶亭子。如拙稿寄回时，敬恳注明为幸。西北工作足下殷勤开示，以国家学术为言，达虽顽钝，能不感奋！唯达之所以不愿为此，与客气无干，而系个人实有能有不能也。今仍守以前诺言，俟作民到此，助之将工作站成立，然后再图实行个人所拟对于河西陇右中国古代佛教艺术遗迹作一整个考察之计划。张大千五月初离敦赴万佛峡，达大约亦于此时去彼，留一星期，五月中旬返敦，将千佛洞工作整理结束（描图纸已寄到，拟摹乐舞图十余幅），再作他计。足下所云返川一行，甚是甚是。达已于今日电骝先生，请求于六月间赴渝面商一切，求其复示。大约在六月下旬或七月初必可至渝，然后赴李谒傅、李诸公，恭聆训诲，至时仍望足下能痛予开示也。舍下亦已于今日去电，命其迁乐山，如有困难，则暂时赴渝，居沙坪坝。儿辈上学，以及照料，俱可无大问题。舍下在李，承蒙关注，儿辈复劳督教，真所谓古道照人，求之今日朋友，岂复可得。此情只有永铭五内。对于舍下及儿辈，唯恐足下训诲之不嫌，督教之不严。古人易子而教，即是此意。达及内人尚略明道理，足下不必鳃鳃过虑也。小儿燕生，进空军幼年学校，似不相宜；因其头脑不清，性情太浮，学空军只有出乱子，不如进一好中学，尚可略望成材耳。能进南开中学，自然最好，迁居沙坪坝，亦即为此。达已另函舍下，将来如迁渝，或即与凌、刘二家同行。傅公居停之谊，殊不可忘，已作函敬谢矣。北大与博物院、研究院合作事，骝先、企孙、孟真先生日昨来一电，谓无问题。锡予先生亦有一函，谓郑毅生、姚从吾赴渝开史学会，与骝先先生面洽。来电大约即系洽商结果。将来如果合作成为事实，还以请作民主持为宜。不惟作民于考古为当行，即在人事方面，亦可减少许多麻烦与磨擦。至于达个人，自知赋性愚钝，生平为学，谨守"安分藏拙"四字，任何方面，俱不敢存专家妄念，能尽一份力量，少效奔走之劳，于愿已足，其他非所望也。去岁以来，只以个人修养不足，以致朋友代我受过，成为怨府，物议因而蜚腾，一己亦不能克制，愤懑之情，形于言表，斗筲之量，言之增愧。近来亦已少少省悔。去岁如经济充裕，则养尊处优，何从有机会受室内摄氏零下廿二度之训练，自亦无从有今日之一副顽躯。（三月中去西湖，策马往返六日，归来后腰背酸痛，一月始克平复。此次亦骑马往游两关，十九日赴南湖，夜宿西千佛洞，次日抵南湖，廿一日下午自南湖北行八十里，宿卷槽北，廿二日宿小方盘，廿三日上午往看西湖，下午东归，夜宿大方盘，廿四日自大方盘疾驰一百六十里返敦煌，夕阳犹未西下。同行兵士，下马时腿脚俱软，达尚能行所无事，精神上战胜家兄。对于个人身体，颇为自慰。此不能不感谢去冬所受之严格训练也。）来日大难，此刻能有机会锻炼身体，即他日可多受一分艰苦。劳、石二公，为德甚大，正感激之不暇，足下以后于此亦可不必介怀也。渝汇兰二万元，决留待作民来用。北大已汇五千,将来东行,以及返川,此款当可敷用,如有不足,再行商借。舍下还博物院一千元,济之先生不受,令人惶悚。研究院汇昆二千元,承足下盛意,代为报销,已不敢当,此款决不能再报(世间出旅费只有一次,岂有至再至三之理。此例不可自达而开也)。六七月间返川,达只有面缴而已。尚乞谅之。《沙州图经》,似曾印入罗氏铅印之《敦煌石室遗书》中,史语所似有其书。又史语所有《内藤还历纪念支那学论丛》,其中收有羽田亨所作《论光启写本沙州地志》一文,附地志原文。亦能为觅人代钞一份否?钞费若干,连《曹氏年表》,尚恳见示,以便奉缴。感盼感盼。率陈,不尽一一,即叩
著安

向达再拜上自敦煌　四月廿五日

(二十七)

昭燏先生史席:

达定于五月六日乘车赴安西,转万佛峡,在彼留一星期,至十日即返敦煌,整理结束一切。如骝先、济之先生允达返川一行之请,则于六月中旬离敦去兰,六月底或七月初飞渝。张大千、常书鸿亦去万佛峡,有安西驻军派队保护,安全无问题。黄仲良于四月廿九日至千佛洞,扬言将在此住月余,不知尚有何举动,亦奇闻也。率闻,即颂著祺。不一一

向达上自莫高窟　五月一日

(二十八)

昭燏先生侍右：

　　日前曾上一函，又命舍下转陈短笺，想不日可达记室矣。达原定乘六日班车赴安西转万佛峡，因班车人太拥挤，临时变计，改于十日搭油矿局车东行。七日无事，策马往千佛洞一瞻庙会之盛（千佛洞庙会始四月二日，至七日即毕，八日移至城内大佛寺）。上午抵山，香客寥寥，盖今年有停止庙会之谣，故来者裹足耳。下午五时返城，获读四月十一日手教，既感且愧。足下与凌公因达事致起龃龉，区区之罪，真百身不足以赎矣。凌公赋性率直，兼有傲骨，处世接物，往往率性而行，以此开罪于人者不少，然居心无他，而笃于友朋，则与足下同也，幸有以谅之，不复以此介意。下情祷祝！下情祷祝！至于劳、石二君，在达视之，安知非塞翁之失马，方感激之不暇，前曾对左右一明此意。今重荷开示，良友箴砭，敢不加勉。内人量狭，容有怨愤之语，当去书告诫。左右如有所闻，尚祈海涵不胜拜祷之至。研究院寄滇二千元事，屡蒙劝譬，兹复承凌公与足下代为报销，高谊盛情，感激之至。七月返川，当再叩谢。负荆云云，言重言重，令达何以克当！自李赴渝所假一千元，俟返川谒见济之先生请命后，再行决定，不识以为何如？作民启程赴川，想尚无确期。此公行止，大有千呼万唤始出来之概，唯祝其抵川以后，不再有变化，则不仅区区得代，可庆生入玉关而已也。西北情形，尤其就历史考古立场言之，年内恐有剧变。交通既视前为便，形形色色之考察团，亦如雨后春笋，层出不穷。于是河西一带，游客络绎不绝，而一般实际上与找宝者无异。表面上乃自命为历史学家与考古学家者亦不绝于途,此辈伪考古学者一来,可谓为考古学上之一浩劫。今试举一例以明之:黄君仲良到千佛洞之日,即昌言可将壁画剥离一部分,以资彼比较研究之用。差幸敦煌艺术研究所常君书鸿于此尚不胡涂,对于黄君提防甚严。故千佛洞方面,大概可以无虑。唯此公兴致不浅,颇思独游两关。自小方盘以西,尚存汉代边墙三十余里,法显所云之敦煌塞,当即指此。斯坦因在此一带发见汉简甚多,唯于边墙烽燧,未大加破坏,至今犹可窥见当时规模。三四两月,两游其地,亦只徘徊凭吊,不敢妄动锹锄,因自知于发掘全无训练,率尔从事,徒然损坏遗迹,见讥识者,而于学术曾无补益也(斯坦因之讥橘瑞超,可为殷鉴)。将来甘疆公路(自甘通南疆)开通,游人日多,若黄君者,比比皆是,则保留千数百年之敦煌塞,不毁于外人之手,乃毁于冒牌之中国考古学者之手,不亦大可悲乎?去岁汤锡予先生来书,即以此为虑。当时以为或不至此,今遇黄君,始知前辈所见,究自不同,而于作民之迟迟其来,亦未免有遗憾焉!敦煌县长陈冰谷先生奉省令缓训,行至酒泉,又复折返。日前已以此事函陈骝先先生矣。明晨即赴安西,此函即于安西付邮,大约廿三可返敦煌。率陈,不尽——。即叩
著安

向达载拜上自敦煌　五月九日

(二十九)

昭燏先生左右:

九日一函,于十日发自安西,想可蒙察及矣。达于十日晨八时乘油矿局车发敦煌,下午三时至安西十工。距城三十里,车陷沙中,

机件又生故障，修理推挽，至六时始入安西城，夜宿空军招待所。得知张大千氏已于八日赴万佛峡。（张氏之子及其门人、喇嘛等，于上月卅日自千佛洞乘骆驼迳赴万佛峡，由敦煌驻军派兵一排护送。张氏诸人则乘六日班车赴安西。启行之日，敦煌军政商学重要人物举至车站相送，其声势之浩荡，虽谷正伦氏离敦，亦远有不逮。张氏抵万佛峡，复由安西驻军派兵一连驻彼保护，一排驻万佛峡北之蘑姑台子，两排驻万佛峡。询之，俱曰为保护张委员作画来也。安西驻军为中央四十二军四十八师一四三团。团长田某，在安西相见，属达勿住洞中，曰恐碍张老先生看画也。气焰之大，可以想见。达与张氏在敦煌于启行前小有龃龉，固缘个人量小，亦张氏咄咄逼人有以致之，其过不尽在区区也。）十一日在安西略购什物，并借锅碗等用具。团长田某并允假驴以为乘坐驮物之用。十二日晨九时发安西西门。（此行教部艺文考察团之卢君亦同往，并带敦煌警察一人作勤务，田团复派士兵二人招呼牲口，安西县政府亦派一警士引路，共计六人，驴五头，声势视张氏逊色多矣。一笑。）十一时十工尖。自此迤南入十工山，山不甚高，岩石颜色与三危同，盖即三危一脉也。约行十里出山，豁然开朗，平原无际。南望群山起伏，如在目前，相距约七八十里，东西极广，一望无涯。在十工山上遥望南面平原，绿树数丛，点缀其间，是为破城子。下山后沼泽纵横，泥泞遍途，地上白如霜雪，俱是盐质。下午四时，抵破城子，宿一杨姓家。破城子为安西桥蹈乡（桥资、蹈实）第十甲，有十余户，以其南三里，有一破城，故名。六时饭后，与卢君往游破城。城约一百五十公尺见方，正南向，城东北隅一碉楼，又形似烽墩，外有短墙一道，高可及肩，以为围护。有狭径可以拾级而上。墩上中央突起一方台，土呈黑色。细审之，则烬余之芨芨草也。墩亦以芨芨草夹泥土、土墼垒筑而成。城东面中央尚有一墩，西面有三墩，形制略同。西南一墩，上有芨芨草余烬与前墩同，当是举烽后之余痕也。其夹用芨芨草筑墩，与在敦煌小方盘一带所见之汉墩同。拾得破陶片，其花纹形制亦与小方盘一带所得者类似，颇疑其为汉代故城。城中现有一龙王庙及一狐仙庙，龙王庙内住道士数人，附设一国民学校，学生十余人，教员孙姓。在龙王庙中见一铺地方砖，花纹与莫高窟所有之唐砖同。城北一破屋，瓦砾堆中亦有破砖，花纹与在龙王庙所见者无异，则此当是汉代旧城，宋以后始归于沦废耳。陶保廉《辛卯侍行记》疑破城子为即汉之广至，唐之常乐，又引章怀太子《盖勋传》注，谓：广至今谓之悬泉堡。十三日在万佛峡见一窟，供养人像题名屡云悬泉镇，今自破城子至万佛峡约七十里，所谓悬泉镇，当即在今破城子，则陶氏之言，不为无见也。自破城子南望，一片戈壁，直至山麓。山上一缺口，成凹字形，俗呼水峡口。进峡即为万佛峡。十三日晨七时半发破城子，引路警士有公事至蹻实，辞去。遂别雇一孙姓老人引路，直南行戈壁中。十一时半抵水峡口，蹻实河自南北流至此，突破东西走向山脉，转而东南。将至峡口，即闻水声如雷。遥望南岸绝壁上，亦有洞窟十余，引路孙姓老人谓名下洞。斯坦因地图则作小千佛洞，因嘱引路诸人至峡内小歇，烧水。达与卢君循小道下，过水往看下洞，计存十窟，壁画尚未甚残破者只二窟，皆晚唐及宋代作品也。下洞水流甚激，两岸红柳掩映，绝壁上点缀洞窟，风景佳绝。北岸尚有数窟，水流激湍，深可过膝，隔水遥望，废然而返。进峡后景物益奇，两岸石壁宽者寻丈，狭才盈尺。水为所束，流益激，声亦愈大。夹岸细草蒙茸，间以青苔荡漾水际，浑忘身在塞外矣。小息后，复南行，乱石碍路，时有沙坜，涉水三次，约二十里，始至蘑姑台子。庙宇甚大，以哈萨肆虐，久无居人，今驻兵一排。自蘑姑台子向南，行戈壁中十里，是为万佛峡。自戈壁循小径而下，蹈实河流经其间，东西两岸，俱有石窟，庙宇房屋不少，可住者俱为驻军及张氏诸人所据。达等不得已，以卧佛殿为"行辕"，夜即卧供桌上。以臭皮囊供养佛，佛当亦不我罪耳。十四日泛览各窟一遍。其有壁画者，张氏编二十九号，西岸有画者九窟，无画者二窟，东岸有画者二十窟，无画者及供居住者十余窟，总计为数在四十窟以上。今日起复逐窟为之纪录，拟于十九日纪毕，廿日返安西，廿三日班车回敦煌。万佛峡各窟，最早亦不过为晚唐所开，迟至元代尚有修建。就画而论，自不及千佛洞之精博。其中唯张氏所编第九号、第十二号（皆在东岸）二晚唐窟，保存甚好，为千佛洞所不逮。其十二号窟，且有光化三年题名，清晰可辨。顾有三元窟（张氏所编一、二、三号窟）俱绘密教曼荼罗，为千佛洞所未见，画亦工致可喜，其蒙古西夏人供养像，亦极清晰（一为俺答皇太子像）。或指此为西夏窟，恐有未谛。诸窟大都开于沙州曹氏之时，故其供养人题名，不乏可以补沙州曹氏一代史文之阙者（如张氏所编廿五号窟，门洞女供养人有：大朝大于阗金玉国皇帝的子天公主李氏一心供养。题名对面即为曹延禄、延瑞兄弟像。延禄题名结衔作："敕竭诚奉化功臣归义军节度、瓜州等州观察处置管营田押蕃藩等使、特进检校太师兼西平公、敦煌王、谯郡开国男、食邑一千七百户、曹延禄供养"；延瑞题名结衔作："节度副使、守瓜州团练使、金紫光禄大夫、检校营田大使兼御史大夫、谯郡开国男、食邑三百户曹延瑞供养"，皆可以补正史之不足。

此外，从供养人题名中，知尚有瓜州节度、县泉节度、县泉镇遏使、都头、押衙、衙推之名。于推究曹氏一代官制，亦不无裨补），唯恐不甚多耳。总之，从美术上见地言之，中国佛教美术，至万佛峡盖已成强弩之末矣。在安西遇到中央社摄影部主任罗寄梅（长沙人）夫妇及摄影记者顾廷鹏二君，受敦煌艺术研究所之托，拟遍摄千佛洞各窟壁画，携带材料甚多，计划工作半年，今日亦抵万佛峡，大约于六月三日班车赴敦煌。如能为千佛洞、万佛峡留一详细纪录，诚盛事也。万佛峡南行四十里，即石包城。马行当日可返，颇思借机一游，惜安西驻军无马为憾耳。明日有人返安西，因托寄此函，匆匆，恕未能尽。见到内人，并恳以达行踪告之，感荷感荷。敬叩著安

向达载拜上自榆林窟　五月十五夜

万佛峡古名榆林窟，有西夏天赐礼盛国庆五年一题壁记